ro
ro
ro

ro
ro
ro

rororo sprachen

Herausgegeben von Ludwig Moos

Das schlechte Gewissen meldet sich immer mal wieder: Man müsste mehr für seine Sprachkenntnisse tun. Aber da dies Zeit und Mühe kostet, bleibt es meist beim guten Vorsatz. Dieses Sprachbuch lockt Büffelmuffel mit Witz und didaktischer Raffinesse aus der Reserve und zeigt, dass Sprachenlernen kein Privileg der Emsigen oder Begabten sein muss. Eine amüsante Geschichte, die fortlaufend zu lesen ist, macht vertraut mit dem spanischen Alltag und der Sprechkompetenz zu seiner Bewältigung. Ein Schwerpunkt pro Doppelseite bringt das notwendige Minimum an Wissen auf den Punkt, lockere Tests helfen dabei, das frisch Gelernte einzuüben und zu behalten.

Christof Kehr

Spanisch für Büffelmuffel

Rowohlt Taschenbuch Verlag

5. Auflage Januar 2007

Originalausgabe
Veröffentlicht im Rowohlt Taschenbuch Verlag,
Reinbek bei Hamburg, November 2004

Umschlaggestaltung Britta Lembke
(Illustration: Britta Lembke)
Layout Anne Drude
Satz Stone PostScript Linotype Library
Druck und Bindung Clausen & Bosse, Leck
Printed in Germany
ISBN 978 3 499 61910 6

Büffelmuffel, das ist unsere Lösung für Lernbereite, die sich nicht allzu viel aus sturem Pauken machen. Natürlich muss jeder, der eine Fremdsprache gescheit lernen will, hin und wieder Vokabeln wiederholen, Wendungen einschleifen und die eine oder andere Grammatikregel automatisieren. Aber dabei braucht man es nicht zu übertreiben. Mit diesem Buch können falsche Anfänger, das heißt alle, die schon mal ein bisschen Spanisch gelernt haben, schnell und effektiv ihr wackliges Grundwissen festigen und ausbauen.

Damit die Sache unterhaltsam bleibt, haben wir uns eine durchgehende Geschichte ausgedacht: Uschi aus Essen reist El Bigote (der Schnurrbart) nach, einem Flamenco-Tänzer aus Málaga, den sie bei seiner letzten Deutschland-Tournee kennen und lieben gelernt hat. Leider ist er, wie Uschi erst nach und nach herausbekommt, anderweitig gebunden. Aber das bleibt nicht die einzige emotionale Verwicklung. Uschi hat schon in Spanien gelebt und eine Freundin in Barcelona. Der erzählt sie den Stand ihrer Abenteuer immer brühwarm ins móvil (Handy). Uschi fährt außerdem noch ein paar Tage durch Andalusien und bewältigt die Situationen, die zur Kontaktaufnahme mit Land und Leuten dazugehören.

Wenn Sie durchhalten bis zum Ende, einfach der Story folgen, die Minimalgrammatik nicht aussparen und die Übungen brav durchkauen, dann haben auch Sie sich eine Liebschaft mit einem El Bigote oder einer Terremoto (Erdbeben) verdient.

So können Sie das Buch nutzen:

Wenn Sie zu den besonders eiligen *Büffelmuffeln* zählen, können Sie die Geschichte mit den Übersetzungshilfen am Rand einfach lesen wie einen Groschenroman. Sie brauchen dann für jedes Kapitel nicht mehr als ungefähr zehn Minuten Zeit.

Sind Sie ein nicht ganz so eiliger *Büffelmuffel*, so werden Sie zunächst ein Kapitel der Geschichte lesen, dann nach den Lernthemen suchen, die Sie besonders interessieren, und vielleicht den einen oder anderen Test machen. Mit den kurzen und abwechslungsreichen Tests können Sie Ihr Wissen überprüfen und vertiefen. Die Lösungen dazu finden Sie im Anhang.

Die aus der Art geschlagenen, gründlichen *Büffelmuffel* benötigen eigentlich keine Gebrauchsanleitung. Wenn Sie zu dieser seltenen Gruppe gehören, werden Sie die Geschichte jeder Lektion vielleicht mehrmals lesen, sich neue Vokabeln einprägen, alle Tests, zum Teil auch schriftlich, machen und sich mit Hilfe des Lösungsschlüssels überprüfen. Dafür brauchen Sie aber auch nicht mehr als eine gute halbe Stunde pro Lektion.

Ein paar Bemerkungen zum Aufbau der Lektionen:

1. **Die Story:** Sie wird fortlaufend im farbig unterlegten Teil jeder Seite erzählt. Die eiligen *Büffelmuffel* lesen und blättern schnell um, damit sie erfahren, wie es weitergeht.
2. **Auf einen Blick:** In jedem Kapitel wird ein bestimmtes Thema fokussiert und am Anfang kurz vorgestellt. Es handelt sich meist um grammatikalisches Wissen, das in den Tests wiederholt wird. Erwarten Sie aber keine systematische Progression in der Grammatik. Davon wollen Sie als *Büffelmuffel* doch gar nichts wissen. Viel lieber ist Ihnen die knappe Präsentation eines Lernthemas, das Sie flott bearbeiten wollen.
3. **Das Idiom des Tages:** Immer wieder finden Sie in der Story idiomatische Ausdrücke, die „urspanisch“ sind. Der *Büffelmuffel*, der Eindruck schinden will, muffelt nicht mit diesen Idioms, sondern lernt sie richtig auswendig. Jetzt muss er nur noch den richtigen Moment abwarten und kann mit seiner Eloquenz brillieren.
3. **Die Wortschatzspalte:** Rechts neben der „Story“ gibt es eine Randspalte, in der Sie die deutsche Übersetzung vieler spanischer Wörter und Wendungen finden (im Text kursiv gekennzeichnet). So bleibt Ihnen das Nachschlagen im Glossar erspart, und Sie können einfach flüssig weiterlesen. Eilige *Büffelmuffel* bedienen sich dieser Wortschatzspalte nur als Lesehilfe, die Gründlicheren werden sich manche Wörter vielleicht einprägen, um den eigenen Wortschatz anzureichern.

Darüber hinaus finden Sie im **Anhang**:

- den Schlüssel zu den Übungen, teilweise mit „aufhellenden“ Kommentaren
- das Wörterbuch mit etwa 850 Basiseinträgen und zusätzlich rund 850 Einträgen aus den Randspalten der Story.

Das ist alles, was Sie wissen sollten, bevor Sie loslegen. Viel Vergnügen beim Lesen, Üben, Ausprobieren. Bitte aber nicht übertreiben, Sie wollen doch ein *Büffelmuffel* bleiben.

1

1 Die Ankunft

1 *La llegada*

Vuelo Hapag Lloyd 523 (cinco-dos-tres) Düsseldorf-Málaga. Después de tres horas de vuelo *aterriza* el avión en el aeropuerto internacional de Málaga. *Los pasajeros* bajan y un autobús *los lleva* al edificio del aeropuerto. Uschi Fischer *recoge* su equipaje y *se dirige a* la salida.
No hay *control de aduana*, pero sí hay *aduaneros.* Tienen un trabajo agradable: comentar *entre ellos* la ropa de los pasajeros. *Se ríen.*
Al salir Uschi busca a El Bigote. Hay *mucha gente*, pero El Bigote *no está...*

landen
die Passagiere
bringt sie
sie holt ab/nimmt; begibt sich zu
Zoll-Kontrolle; Zöllner; untereinander
sie lachen
viele Leute
er ist nicht da

Auf einen Blick

2 x llamar

1. llamar – anrufen		**2. llamarse – heißen**	
llamo	ich rufe an	me llamo	ich heiße
llam**as**	du rufst an	te llam**as**	du heißt
llam**a**	er/sie/Sie ruft/rufen an	se llam**a**	er/sie heißt
llam**amos**	wir rufen an	nos llam**amos**	wir heißen
llam**áis**	ihr ruft an	os llam**áis**	ihr heißt
llam**an**	sie rufen an	se llam**an**	sie heißen

(genauso funktionieren alle regelmäßigen Verben auf **-ar**, zum Beispiel bajar, aterrizar, comentar, buscar, mandar, reservar)

Unregelmäßige Verben auf -er: Vorsicht, 1. Person

poner	➤	**pongo**	ich setze/stelle/lege
parecer	➤	**parezco**	ich ähnele
tener	➤	**tengo**	ich habe
conocer	➤	**conozco**	ich kenne
ofrecer	➤	**ofrezco**	ich biete an
poder	➤	**puedo**	ich kann
entender	➤	**entiendo**	ich verstehe

Salida de pasajeros en el aeropuerto de Málaga: Algunas personas *entre la gente* que espera *llevan carteles*: „Hotel Miramar", „AndaTours",„TUI-Torremolinos". Un *chico gordo*, con *pelo* negro y cara *oscura*, lleva un cartel pequeño: „Ushi Fisher". El chico (**P**) tiene *aspecto* de *gitano*.	*Ausgang* *unter den Leuten; halten Schilder* *dicker Junge; Haar; dunkel* *Aussehen; Zigeuner*
U: Soy yo, Uschi Fischer.	
P: Buenas tardes, me llamo Pepe Tranca.	
U: ¿Hola?	
P: *Me manda* El Bigote. Es mi tío.	*mich schickt*
U: ¿ ... ?	
P: Está *ocupado*, no puede venir.	*beschäftigt*
U: ¿ ... ?	
P: Aquí tengo una *carta* para usted.	*Brief*
Uschi abre el *sobre*: „Hola amor, lo siento muchísimo, no puedo venir. He reservado una habitación para ti en el Hotel *„Mil Estrellas"*. Te llamo *más tarde*. *Besos* El Bigote"	*Umschlag* *Tausend Sterne* *später; Küsse*

TEST 1: Lassen Sie das Flugzeug landen

Achten Sie auf (ce, ci) – gelispelt – und (r) – gerollt.

El avión aterriza en el aeropuerto internacional de Málaga.

1. Málaga **2.** Nueva York **3.** Barcelona **4.** Santiago de Compostela **5.** Buenos Aires **6.** Santiago de Cuba **7.** Valencia **8.** Santiago de Chile

TEST 2: Wer alles nicht da ist

El Bigote no está.

1. El Bigote **2.** el presidente **3.** el jefe **4.** el doctor **5.** la amiga **6.** la presidenta **7.** la jefa **8.** la doctora

TEST 3: Pärchenbildung

Zwei gehören zusammen.

1. pasajero **2.** aduanero **3.** avión **4.** equipaje **5.** aeropuerto **6.** Uschi **7.** aduana **8.** El Bigote

Uschi *no sabe qué hacer.* No ha venido El Bigote. Ella *no conoce a nadie* en Málaga. *Tal vez* Pepe (**P**), el *sobrino* de El Bigote tiene un coche. | *weiß nicht, was sie tun soll; kennt niemanden; vielleicht; Neffe*

U: ¿Cómo llego al Hotel Mil Estrellas?
P: ¿Tiene coche?
U: *Claro que no,* he venido en avión. | *natürlich nicht*
P: Yo *tengo que ir a* Torremolinos. El Hotel Mil Estrellas *queda en el centro* de Málaga. | *ich muss nach ... gehen / fahren; befindet sich;*
U: ¿Está *lejos de aquí*? | *weit von hier*
P: Bueno, en bus está a 45 minutos.
U: Oh no, *estoy cansada ...* | *ich bin müde*
P: Entonces *tiene que tomar* un taxi. | *müssen ein Taxi nehmen*
U: *¿Cuánto me puede costar* el taxi? | *wie viel kann mich ... kosten?*
P: No mucho, tal vez 10 (diez) euros.

TEST 4: Durchnudeln

Die Endung macht's, das Pronomen (ich, du, er, sie, wir etc.) kann weggelassen werden: *bajo, bajas, baja, bajamos, bajáis, bajan*
Nudeln Sie weiter:

1. aussteigen **2.** landen **3.** kommentieren **4.** suchen **5.** schicken **6.** reservieren **7.** anrufen

TEST 5: So sieht der Junge aus

Tiene aspecto de gitano.

1. gitano **2.** alemán **3.** español **4.** americano **5.** artista **6.** músico **7.** profesor **8.** tonto

TEST 6: Wie komme ich nach/zu ....

¿Cómo llego al Hotel Mil Estrellas?

1. el Hotel Mil Estrellas **2.** el Hotel Hilton **3.** el centro de Málaga **4.** el hospital Santa Teresa **5.** Sevilla **6.** Granada **7.** Madrid **8.** San Sebastián

Uschi sale del edificio del aeropuerto y *se dirije* a los taxis. El taxista (T) coje su *maleta* y la pone en el *maletero*. Uschi sube al taxi.	*wendet sich zu* *Koffer* *Kofferraum*
U: Al Hotel Mil Estrellas, por favor.	
T: ¿El Hotel Mil Estrellas? *¿Dónde queda*?	*wo befindet sich*
U: *Yo qué sé* ... en el centro.	*keine Ahnung*
El taxista llama por *radio* a su *central. Le indican* el camino.	*Funk; Zentrale; sie weisen ihm den Weg*
T: No hay problema, está al lado de la catedral.	
U: Entonces no es muy grande este hotel.	
T: No, es *chiquitito*. ¿Usted no es española, *verdad*?	*ganz klein; nicht wahr?*
U: No, soy alemana.	
T: Pues *se parece a* una clienta mía, una americana *loca*.	*Sie sehen aus wie* *verrückt*
U: ¿Por qué está loca?	
T: Porque está *enamorada* de un *torero*. Y donde *torea* él *la tengo que llevar yo*.	*verliebt; Stierkämpfer* *kämpft mit dem Stier; muss ich sie hinfahren*
Uschi piensa en El Bigote y *se pone roja* como un tomate.	*wird rot*

TEST 7: Ich muss nach/zu ... fahren

Tengo que ir a Torremolinos.

1. Torremolinos **2.** Estepona **3.** Fuengirola **4.** Marbella
5. el Hotel Miramar **6.** el centro de Cádiz **7.** el banco **8.** el puerto

TEST 8: Sagen Sie, was Sie nicht können

No puedo ir a casa.

1. ir a casa (nach Hause)
2. tomar un taxi
3. bajar del avión
4. ver a El Bigote
5. venir mañana
6. aterrizar en Toledo
7. llamar por teléfono

2 Im Hotel

2 *En el hotel*

El taxi de Uschi llega al centro de Málaga. *Da tres vueltas* a la catedral. El taxista (**T**) *no puede encontrar* el Hotel Mil Estrellas. *Llama otra vez* por radio a su central.
Por fin encuentra el *callejón* con el hotel. El taxímetro del taxi *pone* 13 euros 90. (trece noventa)

T: Son 15 (quince) euros.
U: ¿Cómo? *Aquí pone* 13 con 90.
T: Sí, pero la maleta, la tengo que *cobrar.*
U: *A mí me han dicho* que *no cuesta más de* 10 (diez) el viaje.
Uschi paga los 15 (quince) euros *de mal humor,* baja del taxi y *recoje* su maleta del maletero. El taxista – también de mal humor – *no le ayuda.*
U: Adiós señor.
T: Aquí tiene mi *tarjeta. Si un día le hace falta un taxi ...*
Uschi piensa: ¡Qué *imbécil*!

fährt drei Runden
kann nicht finden
ruft noch mal an
endlich; Gässchen
zeigt an
hier steht
berechnen
mir wurde gesagt; kostet nicht mehr
schlecht gelaunt
greift
hilft ihr nicht
(Visiten-)Karte; wenn Sie einmal ein Taxi brauchen; Dummkopf

AUF EINEN BLICK

Vergangenheit ganz einfach

Verben auf:	**-ar**	**-er**	**-ir**
	lleg**ado**	ten**ido**	sub**ido**

Hilfsverb davor: he, has, ha, hemos, habeís, han

Gute Nachricht: Spanisch kennt für die Vergangenheit (perfecto) nur **ein** Hilfsverb – haben. Regelmäßige Verben für die Vergangenheit:
-ar ➤ -ado / -er ➤ -ido / -ir ➤ -ido

Schlechte Nachricht: Viele unregelmäßige Verben haben unregelmäßige Vergangenheitsformen, zum Beispiel:

decir – dicho	hacer – hecho
poner – puesto	volver – vuelto
ver – visto	

Uschi *ha llegado* a Málaga, *ha tomado* un taxi y el taxista *ha encontrado* el Hotel Mil Estrellas. Uschi y el recepcionista (**R**):	*ist angekommen; hat genommen; hat gefunden*
U: Buenas tardes.	
R: Muy buenas tardes, *¿En qué le puedo ayudar*?	*womit kann ich dienen (helfen)?;*
U: Soy Uschi Fischer. *Han reservado* una habitación para mí.	*man hat reserviert*
R: Un momento ... un momento ... un momento ... *¿Cómo era* su nombre?	*wie war ...?*
U: Uschi Fischer, soy alemana.	
R: Aquí pone Yushi Fiche. *Parece japonés.*	*scheint japanisch*
U: No, soy alemana, de Alemania.	
R: Ya ... ya, si quiere *llenar* este formulario.	*ausfüllen*
U: ¿Tiene un *bolígrafo*?	*Kugelschreiber*
R: Aquí tiene uno. Y aquí tiene la llave de su habitación.	
Uschi sube a su habitación y *baja en seguida.*	*geht sofort runter*
U: Por favor. *Aquí no me voy a quedar.* La habitación es muy pequeña, no hay ninguna *vista* y *se escucha* la tele de los *vecinos de enfrente.* ¿No tiene otra con una *cama* más grande?	*dort werde ich nicht bleiben; Ausblick; man hört; Nachbarn gegenüber; Bett*
R: Vamos a ver ...	

TEST 1: Mir hat man gesagt, dass ...

A mí me han dicho que no cuesta más de 15.

1. no cuesta más de 15 **2.** está muy cerca
3. sólo son 5 minutos **4.** hay un restaurante por aquí
5. no hay buses al centro **6.** todo el mundo baila flamenco en Sevilla

TEST 2: Ersetzen durch *lo* oder *la*

*¿Tienes la maleta? – Sí **la** tengo.*
*¿Tienes el pan? – Sí **lo** tengo.*

1. la maleta **2.** el pan **3.** el chocolate **4.** la receta
5. el pasaporte **6.** la revista **7.** el número de teléfono

Uschi se ha instalado en una habitación del hotel. *No es nada del otro jueves*, pero el *amor es ciego*. En Alemania ha conocido a El Bigote, un *bailador* de flamenco. El *es muy diferente de todos los novios* que ha tenido hasta ahora. Y Uschi se ha enamorado en seguida.
¡Cómo *baila* este hombre!
¡Qué *pasión* y qué *gracia* en todos sus *movimientos*!
¡Qué *fuerza* y qué *sensualidad*!
Ella *ha ido* con él a Düsseldorf y a Colonia. ¡Qué *aventura* la *gira* de un artista de flamenco! Después El Bigote ha vuelto a España. *La ha llamado un par de veces.* Pero ella no le puede llamar a él – él *todavía* está *casado*.

es ist nichts Tolles; Liebe ist blind; Tänzer anders als alle Freunde
tanzt
Leidenschaft; Anmut; Bewegungen
Kraft; Sinnlichkeit
ist gefahren
Abenteuer; Tournee
hat sie ein paar Mal angerufen; noch verheiratet

Das Idiom des Tages

No es nada del otro jueves. – Das ist nichts Tolles (wörtlich: nichts vom letzten [anderen] Donnerstag).

TEST 3: Vergangenheit in der ersten Person

he conocido

1. conocer **2.** tener **3.** bailar **4.** ir **5.** volver **6.** llamar **7.** poder **8.** ayudar **9.** reservar **10.** ser **11.** llenar **12.** subir

TEST 4: Das Gleiche, aber reflexiv

me he instalado

1. instalarse **2.** enamorarse **3.** llamarse **4.** irse **5.** volverse loco **6.** casarse **7.** quedarse **8.** dirigirse a la salida

Uschi está de mal humor. No es muy bonita la habitación y ella *no puede salir* del hotel, porque El Bigote todavía no ha llamado. El *tiene que saber* que ella ya ha llegado. ¿Por qué no llama? Uschi tiene *hambre.* Pero cómo va a salir a comer algo, *si puede llamar* el Bigote.	*kann nicht rausgehen* *er muss wissen* *Hunger* *wenn (er) anrufen*
Uschi es muy *práctica*, entonces escribe una *nota* para él. *Cuando llame*, el recepcionista *se la podrá leer*:	*kann; praktisch; Zettel* *sobald er anruft; wird es ihm vorlesen können*
Hola señor, *Me muero de hambre.* He salido a comer algo. A las 12 (doce) *estoy de vuelta*. Por favor, llámame, por favor.	 *ich sterbe vor Hunger* *bin ich wieder zurück*
Baja para salir, le da el papel al recepcionista cuando *suena* el teléfono.	*klingelt*

TEST 5: Was Uschi alles nicht kann

Uschi no puede salir de su habitación.

1. salir de su habitación **2.** ir a comer **3.** llamar a El Bigote
4. dormir en una cama pequeña **5.** tomar el autobús
6. bailar flamenco **7.** leer el papelito

TEST 6: Imperativ ohne *me*

¡llama por teléfono!

1. llamar por teléfono **2.** reservar una habitación
3. cantar una canción **4.** fumar un porro **5.** tomar un taxi
6. pagar con dólares **7.** buscar en la cocina

TEST 7: Imperativ mit *me*

¡dame tu número de teléfono!

1. darme tu número de teléfono **2.** ayudarme
3. enamorarse de un torero **4.** casarse con un millonario
5. quedarse otro día más **6.** mandarme una carta de amor

3 Telefonieren

3 *Hablar por teléfono*

El Bigote (**B**) y Uschi (**U**)

B:	Hola, ¿qué tal estás?	
U:	Hola.	
B:	*¿Cómo ha ido el viaje?*	*wie war die Reise*
U:	Muy bien. Hemos llegado a las seis y *me esperaba*	*erwartete mich*
	tu sobrino. ¿Cómo era su nombre?	
B:	Se llama Pepe. *Escucha, lo siento muchísimo*, pero	*hör zu, es tut mir*
	tengo que trabajar *esta noche*.	*sehr Leid; heute*
U:	No te preocupes.	*Abend*
B:	¿Estás *enfadada*?	*sauer/verärgert*
U:	No, no .... ¿vas a venir ahora?	
B:	Mira, tengo dos *turnos*. El primero de ocho a nueve	*Durchgänge*
	y media y el segundo de once y media a una.	
	No tengo tiempo. *Así que no nos podemos ver ...*	*wir können uns also*
U:	¿No vamos a comer *juntos*?	*nicht sehen; zusam-*
B:	No tengo tiempo. Así que no nos podemos ver...	*men*
	Mañana, *¿mañana puede ser?*	*kann es morgen sein?*
U:	Bueeeeno, ¿entonces dónde nos encontramos?	
B:	A las once *te vengo a buscar.*	*komme ich dich*
U:	*Vale*, mañana a las once. Un beso.	*abholen; in Ord-*
B:	Hasta mañana.	*nung*

AUF EINEN BLICK

Imperfekt	
esperaba	ich wartete
esperabas	du wartetest
esperaba	er/sie wartete – Sie warteten
esperábamos	wir warteten
esperabais	ihr wartetet
esperaban	sie warteten

Der Imperfekt steht: 1. wenn etwas in der Vergangenheit schon andauerte, bevor etwas anderes einsetzt. 2. wenn zwei Handlungen parallel liefen. 3. wenn sich etwas wiederholte.

Uschi tiene una amiga que *vive* en Barcelona. Se conocen de sus *estudios de informática* y son muy amigas. Carmen – así se llama la amiga de Uschi – es española. Trabaja en una *empresa importante.* Las dos hablan por teléfono *por lo menos una vez a la semana.* Ahora es el momento de llamar a Carmen.	*wohnt/lebt* *Informatikstudium* *große Firma* *wenigstens einmal pro Woche*
C: *Diga.*	*Bitte/Sprechen Sie*
U: Soy yo, Uschi. ¿Qué tal estás?	
C: Bien, y tu, ¿dónde estás?	
U: En Málaga.	
C: ¿Cómo estás?	
U: *Más o menos ...*	*so là là*
C: *Hija, ¿qué pasa?*	*Mann (Tochter), was ist los?*
U: Bueno, nada ...	
C: *¿Has visto al gitano?*	*Hast du den Zigeuner gesehen?*
U: Se llama „El Bigote".	
C: Bueno, ¿has visto a El Bigote?	
U: Todavía no, pero mañana nos vemos.	
C: ¡Quée! – ¿no ha venido al aeropuerto?	

TEST 1: Ich hole dich ab um elf

Te vengo a buscar a las once.

1. las once **2.** la una **3.** las tres **4.** las ocho **5.** las seis y media
6. las cinco y media **7.** las nueve y cuarto **8.** las siete y cuarto

TEST 2: Staatsangehörigkeit

Carmen tiene pasaporte español, es española.

1. Carmen, español **2.** Uschi, alemán **3.** Jacqueline, francés
4. Gina, italiano **5.** Hokiko, japonés **6.** Pam, americano
7. Brit, sueco **8.** María, chileno

TEST 3: Hast du den ... gesehen?

Achtung: **a** vor Personen im Akkusativ: *¿Has visto al gitano? (a + el gitano)*
1. el gitano **2.** el francés **3.** el recepcionista **4.** el director
5. la doctora **6.** la jefa **7.** la señorita **8.** la enfermera

Uschi *se levanta* a las ocho y media. A las nueve baja para *desayunar.* A las diez menos cuarto *vuelve* a su habitación. A las once tiene que venir El Bigote. Esto le da tiempo para *maquillarse* y *ponerse* un *vestido* bonito. A las diez y media Uschi está *preparada* para su amor. *Enciende el televisor* y *se da cuenta* de que los programas no son nada mejores que en Alemania. *Las mismas tonterías* en todas partes ...
A las once no viene el Bigote, a las once y cuarto tampoco, a las once y media *tampoco.* A las doce menos 20 suena el teléfono. Es el recepcionista.

steht auf; frühstücken; geht zurück; schminken; Kleid; vorbereitet; macht das TV an; wird sich darüber klar; gleicher Schwachsinn; auch nicht

R: Señora Fischer, aquí hay un señor preguntando por usted. Si quiere bajar, por favor.
U: *Ahora mismo voy*, gracias.

ich komme sofort

En el camino piensa: *Raro que no lo deje subir* a mi habitación.

eigenartig; dass er ihn nicht hochgehen lässt

TEST 4: ¿Qué hora es?

en punto – Punkt / y cuarto – Viertel nach / y media – halb / menos cuarto – Viertel vor

Son las tres y media.

1. 15:30 **2.** 19:15 **3.** 13:30 **4.** 18:45 **5.** 16 (en punto)
6. 12:15 **7.** 20:45 **8.** 22:15 **9.** 24:00

TEST 5: Was Uschi alles bemerkt

Se da cuenta de que los programas no son mejores.

1. Los programas no son mejores.
2. El Bigote todavía no ha llamado.
3. El taxista no es muy simpático.
4. El teléfono no suena.
5. Carmen no quiere a los gitanos.
6. El Bigote no es muy puntual.

Das Idiom des Tages

Cómo Dios manda – Wie es sich geziemt (wörtlich: wie Gott befiehlt).

Uschi baja al hall del hotel. *En la escalera* ve al *hombre de sus sueños:* | *auf der Treppe; Mann ihrer Träume;*
Pelo rizado y largo, *piel* oscura, un *cuerpo delgado* como Dios manda. | *Locken; Haut; schlanker Körper*
Pero los ojos de El Bigote no se ven, lleva *gafas de sol* que lo reflejan todo. | *Sonnenbrille*
Uschi lo *abraza* y le da un beso largo. Por fin ... | *umarmt*
El Bigote se da cuenta que le está mirando el recepcionista.

B: *Venga, vámonos.* | *komm, gehen wir!*
U: Hola, mi amor.
B: Vámonos.
U: ¿Qué te pasa?
B: Me está mirando.
U: ¿Como – te está mirando?
B: Me mira, *como si fuera un ladrón.* | *als ob ich ein Dieb wäre*
U: ¡Qué tonto eres!
B: No, no, *es un payo racista.* | *rassistischer Nichtzigeuner*

TEST 6: Cómo si fuera – als ob ich ... wäre

Me mira como si fuera un ladrón.

1. un ladrón
2. el presidente
3. el rey Juan Carlos
4. la reina de Inglaterra
5. un millonario
6. un policía
7. un extraterrestre

TEST 7: Sagen Sie's kürzer

Die Regel: ausführlich hinterm, kurz vorm Verb (lo = ihn)

Uschi lo abraza.

1. Uschi abraza a El Bigote.
2. Carlos llama a Luis.
3. Nosotros conocemos al director.
4. Usted visita a mi amigo.
5. Tu esperas al policía.
6. Julieta ama a Romeo.

4 Im Restaurant

4 En el restaurante

Uschi y El Bigote salen del hotel. El ha venido en bus, „porque mi *coche* está en el *taller*“.
Uschi quiere ir a un bar, „porque es *horroroso* el café que te dan en el hotel“. *Se cogen de la mano* y *dan un paseo* por el centro. En la calle Larios encuentran una cafetería muy bonita. Entran, *se sientan* en una mesa con vista a la calle y llega el *camarero* (**C**).

C: ¿Qué van a *tomar los señores?*

El Bigote *mira* a Uschi.

B: ¿Qué vas a tomar?
U: Un buen café, *un cortado* por favor.
C: Muy bien, ¿y usted?
B: *Uno con leche* y una *tostada con ajo y aceite.*
U: ¡Quéeeee!
B: ¡Hombre, es un buen *desayuno andaluz*!

Auto; Werkstatt
schrecklich
sie nehmen sich an der Hand; gehen spazieren; setzen sich; Kellner

trinken; die Herrschaften;
schaut sie an

Kaffee mit Schuss Milch
Milchkaffee; Toast mit Knoblauch und Öl; andalusisches Frühstück

AUF EINEN BLICK

Imperfekt	
Verben auf **-ar**	**-er** & **-ir**
trabajaba (ich arbeitete)	tenía (ich hatte)
trabajabas	tenías
trabajaba	tenía
trabajábamos	teníamos
trabajabais	teníais
trabajaban	tenían

Wie gesagt: Was sich wiederholt und was nicht abgeschlossen ist in der Vergangenheit, wird mit dem Imperfekt ausgedrückt. Im Deutschen verhält es sich anders, da steht Imperfekt meist für die Schriftsprache, Perfekt für die gesprochene Sprache.

Uschi sabe *pocas cosas* de su amor. Entonces le dice a El Bigote:	*wenige Dinge*
U: *Cuéntame* de tu familia, de tu *infancia*, de tu *vida de artista*, de tu *alma* …	*erzähl mir; Kindheit; Künstlerleben;*
B: ¡Qué *curiosa* eres! Mira: mis padres son gitanos, son *pobres y sencillos*, y cuando yo era *niño* muchas veces *pasábamos hambre.*	*Seele; neugierig arm und einfach; Kind; hatten Hunger*
U: ¡Ohhh!	
B: Mi padre *ganaba* poco, no *teníamos* ni para comer bien ni para mis estudios. Cuando yo tenía 12 (doce) años ya *tenía que trabajar.*	*verdiente; wir hatten ich musste arbeiten*
U: ¿De verdad?	
B: No me *gustaba* nada, siempre quise ser bailador. El flamenco es lo que más me gusta.	*gefiel*
U: ¡Claro!	
B: Cuando tenía 14 (catorce) años ya trabajaba en un *tablao* en Torremolinos. Para ser un buen bailador de flamenco *no hace falta* estudiar en la universidad. Los gitanos *lo llevamos en la sangre.*	*Flamencoschuppen es ist nicht nötig wir haben's im Blut*
Uschi lo mira, *lo admira* y *le da un beso*.	*bewundert; küsst ihn*
U: Ay, por favor, *este ajo – ¡qué asco*!	*dieser Knoblauch – ekelig!*

TEST 1: Schreckliche Kost im Hotel

Beklagen Sie sich drauflos: *Es horroroso el café que te dan en el hotel.*

1. el café **2.** el desayuno **3.** la tostada (Achtung weiblich!) **4.** el zumo de naranja **5.** la mermelada **6.** el té **7.** la leche **8.** el croisán

TEST 2: Spazieren mit der Liebsten

Dan un paseo por el centro.

1. el centro **2.** el parque **3.** las calles de París **4.** el centro comercial **5.** la playa **6.** el río **7.** el barrio de la catedral

Mientras están hablando viene gente y saluda a El Bigote. Él es un *personaje conocido*. Llegan *mujeres*, le abrazan y le besan, y llegan hombres, le abrazan y le saludan tocando la mano en su espalda. Cuando le saluda una gitana *guapa morena* con pelo largo, Uschi *se pone celosa. Mira para otra parte* y se queda *callada*.

während sie reden; bekannte Persönlichkeit; Frauen; schön und dunkelhaarig; wird eifersüchtig; schaut weg; schweigsam

B: ¿Qué te pasa?
U: Nada.
B: Dime amor, ¿qué es lo que te pasa?
U: ¡Nada!
B: Pero *hay algo* que te *molesta*. — *es gibt etwas; stört*
U: No, no te preocupes.
B: Por favor, dime lo que te está pasando.
U: Bueno, parece que conoces a muchas mujeres.
B: Ayyy, por Dios, esto es *la cosa más normal del mundo*, los andaluces nos saludamos así ... somos *calurosos*. — *die normalste Sache der Welt; warmherzig*

TEST 3: Was gerade passiert

En este momento El Bigote está hablando por teléfono.

1. El Bigote habla por teléfono.
2. Antonio trabaja en la computadora.
3. Enrique toma café con coñac.
4. Julio canta una canción fea.
5. Las chicas ponen la mesa.
6. El mafioso toma el avión para Nápoles.

TEST 4: So wird Uschi

Achten Sie darauf, dass Uschi eine Frau ist.

Se pone celosa.

1. celoso
2. tonto
3. curioso
4. contento
5. generoso
6. fresco

El Bigote y Uschi salen de la cafetería en la calle Larios.
Uschi hace lo que hacen todas las mujeres del mundo: *mirar los escaparates* de las *tiendas elegantes.* El Bigote *reparte regalos.* — *Schaufenster anschauen; elegante Geschäfte; verteilt Geschenke*

E: Este *vestido* es para mi *abuela.* Estos *zapatos* son para mi *suegra.* Esta *blusa* es para mi madre. — *Kleid; Oma; Schuhe Schwiegermutter; Bluse*

Uschi mira a El Bigote.

U: *¿No tienes ningún regalo* para mí? — *hast du kein Geschenk*
E: Yo soy el regalo para ti.
U: ¡Qué más quisiera yo!

TEST 5: Weisen Sie zu

Esta tostada es para ti.

1. la tostada / tú **2.** el vino / yo **3.** el coche / mi padre
4. la moda / mi abuela **5.** los zapatos / tu amiga Carmen
6. las sardinas / usted **7.** las tiendas / gente con dinero
8. los helados / los niños

TEST 6: Formulieren Sie Ihre Autobiographie

Umformen ins Imperfekt, aber bitte vorher überlegen, ob das Verb zur Gruppe -ar oder -er/-ir gehört.

Tenia 24 (veinticuatro) años, me llamaba Conny y era empleada.

1. Tengo 24 años, me llamo Conny y soy empleada.
2. Leo el periódico, tomo clases de francés y duermo mucho.
3. Canto cada día, tomo champán seco y no pago impuestos.
4. Salgo por la mañana, trabajo como un loco y vuelvo muy tarde a casa

Das Idiom des Tages:

¡Qué más quisiera yo! – Was wollt ich mehr!

5 Ein Besuch

5 Una visita

Después de *dar un paseo* por el centro de Málaga, Uschi y El Bigote llegan al Hotel Mil Estrellas.	*spazieren gehen*
U: Tengo un *regalito* para ti. ¿Quieres subir un momentito *conmigo*?	*kleines Geschenk* *mit mir*
B: Bueeeno, no tengo mucho tiempo, pero ... *venga, un ratito.*	*okay, einen kleinen Moment*
Uschi pide la llave de su habitación y los dos *se acercan al ascensor.* Entonces el recepcionista *pregunta:*	*nähern sich dem Aufzug; fragt*
R: Perdonen, el señor no *está alojado* en nuestro hotel, ¿verdad?	*sind untergebracht/ Gast*

AUF EINEN BLICK

Unregelmäßige Verben

dar	=	geben
doy		damos
das		dais
da		dan

Das Partizip ist ganz regelmäßig: dado
„dar“ ist ziemlich vielseitig. Zum Beispiel:
dar un paseo – spazieren gehen / dar una vuelta – spazieren gehen
dar un abrazo – umarmen / dar miedo – Angst einjagen / dar un beso – küssen

ir = gehen, fahren	**irse** = weggehen, aufbrechen
me voy	nos vamos
te vas	os vais
se va	se van

Müssen: tener que + ... (Verb)

tengo que llamar – ich muss anrufen
tengo que buscar – ich muss suchen
ACHTUNG: tengo que irme – ich muss (jetzt) gehen (Oder: me tengo que ir)

Uschi y el Bigote están esperando el ascensor. El recepcionista ha preguntado por El Bigote:

R: Perdonen, el señor no está alojado en nuestro hotel, ¿verdad?

Uschi se pone roja como un tomate.

U: *No se preocupe. El caballero* sube conmigo un minuto, nada más. — *machen Sie sich keine Sorgen; der Herr*
R: Bueno.
U: Muchas gracias.

Los dos suben al ascensor.

B: *Te lo he dicho*, aquí son racistas, ¡payos de *mierda*! — *ich hab's dir gesagt; Scheiße; Schuld*
U: Pero amor, no es mi *culpa*. Tú has buscado este hotel para mí ...
B: Sí, pero, sí ...
U: *Dame un beso.* Venga ... — *küss mich*

TEST 1: Sich aushändigen lassen

La llave, por favor.

1. Antonio pide la llave.
2. Carmen pide el número de teléfono.
3. Ana pide mil euros.
4. Carlos pide dos entradas para el cine.
5. Fernando pide las llaves del coche.
6. María Jesús pide una chuleta de cerdo.

TEST 2: Nach dem Spaziergang

Steigern Sie das Sprechtempo:

Después de dar un paseo por el centro de Málaga ...

1. Málaga
2. Barcelona
3. Valencia
4. Sevilla
5. Zamora
6. Madrid

En el ascensor *se besan.* Es un beso *corto*, porque *ya llega* el ascensor al *tercer piso.*	*küssen sich kurz; kommt schon an; dritter Stock*
U: Ven, amor, tengo un regalo para ti.	
Uschi abre *la puerta* de su habitación. Los dos entran.	*die Tür*
B: No está mal *el hotelito.* ¿Tiene *parabólica* el televisor?	*das Hotelchen; Schüssel*
U: *Yo que sé.*	*keine Ahnung*
Ella *se tumba* en la cama.	*wirft sich aufs Bett*
U: Ven, tengo un regalo para ti. ¡*Otro* beso ... por favor!	*noch ein*

TEST 3: Was beide tun

Los dos dan un paseo por la playa.

1. Felipe y María dan un paseo por la playa.
2. Javier y Dolores tienen un niño.
3. Andrés e (!) Inés son de Córdoba.
4. Gustavo y Pepa no toman vino.
5. Juan y Juana son venezolanos.
6. Jorge y Leticia fuman mucho.

TEST 4: Frei übersetzen

1. Der Rezeptionist sagt, dass El Bigote kein Hotelgast ist.
2. Sie bekommt einen Ballon.
3. Schatz, was kann ich dafür?

B: Perdona
U: ¿...?
B: *Me tengo que ir.* — *ich muss gehen*
U: ¿Cómo – „me tengo que ir“?
B: *Pues sí,* me tengo que ir. — *nun ja*
U: ¿No te quieres *quedar* un poco conmigo? — *bleiben*
B: *Claro que sí.* Pero me están esperando. — *natürlich/klar*
U: ¿Quién te está eperando?
B: *No seas tan curiosa.* Mira me tengo que ir. — *sei nicht so neugierig;*
U: *Vengo* de Alemania y ahora me dices que no tienes tiempo. — *ich komme*
B: Esta noche vengo, ¡*prometido*! — *versprochen*
U: Quién bien te quiere te hará llorar.

TEST 5: Finden Sie die richtige Ordnungszahl

1. el ____________ (**1.**) aeropuerto de Europa
2. la ____________ (**2.**) provincia de Colombia
3. la ____________ (**1.**) dama de Francia
4. la ____________ (**3.**) calle a la derecha
5. el ____________ (**2.**) banco de España
6. el ____________ (**3.**) tren de Bilbao

Das Idiom des Tages

Quién bien te quiere te hará llorar. – Wer liebt, der leidet.
(wörtlich: Wer dich liebt, der macht dich weinen.)

6 Das Frühstück

6 *El desayuno*

Comedor del Hotel „Mil Estrellas“. Son las nueve menos cuarto de la mañana. Uschi entra en la sala y se busca una mesa *cerca de* la ventana. Tiene un libro, una *guía* de Andalucía. *Ojea* la guía un poco. Hay un camarero. *Está sirviendo* a los clientes. Pero parece que *no le gustan* las mujeres *solas.*
Después de 10 minutos Uschi lo llama.

in der Nähe von
Führer; blättert
er bedient
er mag nicht; alleine

U: Oiga ...
C: –
U: Oiga, por favor ...
C: –
U: Oigaaaaaa.
Toda la sala mira a Uschi.
C: *En seguida*, señorita, *ya voy* ...

der ganze Raum
sofort; ich komme schon (gehe schon)

AUF EINEN BLICK

Doppelt gemoppelt

a mí me gusta	mir gefällt/ mir schmeckt
a mí me gusta	a nosotros nos gusta
a ti te gusta	a vosotros os gusta
a él/ella le gusta	a ellos/ellas les gusta

pedir – bitten um, fordern, bestellen

pido	pedimos
pides	pedís
pide	piden

(Partizip: pedido)

Regelmäßige Unregelmäßigkeit: Stammbetonte Formen (Einzahl + 3. Mehrzahl) ändern von e ➤ i, endungsbetonte Formen (1.+2. Mehrzahl) behalten das e
Genauso: servir – bedienen/servieren; repetir – wiederholen; seguir – weitermachen/fortfahren etc.

Después de otros cinco minutos más, llega el camarero a la mesa de Uschi.

C:	*¿Qué le sirvo?*	*was bringe ich*
U:	(de mal humor) Café con leche, *pan integral*	*Vollkornbrot*
	y un *huevo cocido*, por favor.	*gekochtes Ei*
C:	No tenemos pan integral. Esto no nos gusta	
	ni a los españoles, ni a los *ingleses*, ni a los	*Engländer*
	franceses, ni a los americanos.	*Franzosen*
U:	Pero a mi me gusta.	
C:	Usted es alemana, ¿verdad?	
U:	¿Por qué pregunta *si ya lo sabe*?	*wo Sie es doch schon*
C:	¡Qué bien habla usted *castellano*!	*wissen; spanisch*
U:	Entonces *me trae* un *croisán.*	*bringen Sie mir; Crois-*
C:	*Voy volando.*	*sant; ich beeile mich*
U:	Muy *amable* ...	*(ich fliege); nett*

TEST 1: Was der Kellner nicht mag

Parece que no le gustan las mujeres solas.

1. mujeres solas
2. fórmula Uno
3. los huevos cocidos
4. los libros
5. las turistas alemanas
6. trabajar

TEST 2: In der Nähe von ...

una mesa cerca de la ventana

1. mesa / ventana
2. hotel / catedral
3. playa / centro
4. restaurante / calle Larios
5. bar / hotel

Uschi *pasa el tiempo leyendo* su guía de Andalucía. *Le hace falta urgentemente* un café, pero el camarero no viene. Sirve las otras mesas pero no mira. Parece que Uschi no *existe.*
„¡Qué imbécil!“, piensa ella y lo llama.

verbringt die Zeit mit Lesen; sie braucht dringend
existiert

U: Oiga.
C: –
U: Oiga, por favor.
C: –
U: Oigaaaaa.

Otra vez toda la gente en la sala la mira.

U: ¿No me quiere traer mi café?
C: *Tranquila*, tranquila, *no ve que hay más gente* ...
Al final le trae el café y un croisán *medio seco.*

ruhig; sehen Sie nicht, dass noch andere Leute da sind; endlich; halb trocken

U: ¿Y el huevo cocido?
C: Ayyyy, *se me ha olvidado*, perdone ....

habe ich vergessen

TEST 3: Was fehlt?

Ergänzen Sie mi / ti / él / ella / nosotros / vosotros / ellos / ellas.

1. A ____________ os gusta Andalucía. (vosotros)
2. A ____________ le gustan las chicas alemanas. (Don Juan)
3. A ____________ nos gusta el vino tinto. (nosotros)
4. A ____________ te gusta un huevo cocido por la mañana. (tú)
5. A ____________ no les gustan las chuletas de cerdo. (Dolores y Leticia)
6. A ____________ me gusta dar un paseo por el centro. (yo)
7. A ____________ le gustan las tiendas elegantes. (Penelope Cruz)
8. A ____________ no les gusta esperar. (los pasajeros de primera clase)

TEST 4: Seien Sie menschlich, halbieren Sie Ihre Kritik

un croisán medio seco – ein halb trockenes Croissant

1. croisán / seco
2. film / aburrido
3. hotel / sucio
4. tomate / verde
5. artista / malo
6. camarero / lento

En la mesa de al lado hay un señor de *aspecto* interesante. Está leyendo un *periódico*. Parece que está esperando.
Mira a Uschi y le habla.

S: No es muy *rápido* el camarero.
U: Es un *caracol sin memoria*.
S: Ja-ja-ja. Pero *tan tonto no es. Se ha dado cuenta* de que usted es alemana.
U: Qué difícil, si tengo *pelo rubio, ojos azules,* soy alta, leo un libro en alemán y pido un huevo cocido.
S: Ahh – *¿no sabe* que tienen „Bircher Müsli" aquí?
U: Ahh – usted conoce la cultura de los alemanes ...

Aussehen
Zeitung
schnell
Schnecke ohne Erinnerung; so blöd ist er nicht; er hat gemerkt; blondes Haar; blaue Augen
wissen Sie nicht

TEST 5: Die grauen Zellen lassen nach

Ayyy, se me ha olvidado el café ...

1. el café **2.** la tostada **3.** la chuleta **4.** el vino **5.** la cerveza
6. el pan **7.** el periódico **8.** el amor

TEST 6: Die richtige Form von *pedir*

1. Nosotros ____________ la cuenta.
2. Antonio ____________ un café con leche.
3. Tú ____________ mi número de teléfono.
4. Usted ____________ un minuto.
5. Vosotros ____________ un día libre.
6. Yo ____________ dos entradas para el cine.
7. Las chicas ____________ coca cola.
8. Los chicos ____________ coñac.

7 Einkaufen

7 Ir de compras

Hoy *hace buen tiempo.* Uschi ha desayunado, está de buen humor y *tiene ganas* de *conocer cosas nuevas.* Le gustan las tiendas de moda, le gusta comprar vestidos elegantes. *Entrega* la llave en la recepción y pregunta a *la chica.*

das Wetter ist gut
hat Lust; neue Dinge kennen lernen
aushändigen
Mädel

U: ¿Dónde venden moda elegante?

R: ¿Aquí en Málaga? Uyyy, aquí todo es *carísimo. Dicen* que *merece la pena* comprar en Alemania. Allá cuesta *la mitad.*

sehr teuer
man sagt; lohnt die Mühe; die Hälfte

U: ¿...?

R: ¿Sabes dónde compro yo? Yo voy ... *a ver,* ¿qué día es? *Martes* ... ¡perfecto! Yo voy al *mercadillo, allí hay de todo* y no es muy caro.

mal sehen
Dienstag; Wochenmarkt; dort gibt's alles

AUF EINEN BLICK

Einfach lernen

venden – sie verkaufen oder: es wird verkauft
dicen – sie sagen oder: es wird gesagt
compran – sie kaufen oder: es wird gekauft

carísimo – sehr teuer / buenísimo – sehr gut
malísimo – sehr schlecht

Zweimal calle

1. la calle Cervantes – die Cervantes-Straße
2. a la calle / en la calle – raus / draußen

Mehrere Ortsangaben

al lado de	neben
a la derecha de	rechts von
a la izquierda de	links von
detrás de	hinter
delante de	vor
derecho	geradeaus

U:	¿El mercadillo, dónde está?	
R:	Mira – es muy *fácil*. *Ven* conmigo – ahora *te lo explico.*	*leicht; komm, ich erklär's dir*
	Las dos *salen a la calle.*	*gehen nach draußen*
R:	*Mira esta calle*, todo derecho, todo derecho, en el tercer *semáforo* a la *izquierda*, entonces pasas por una tienda de *electrodomésticos*, allí a la derecha, *sigues* hasta la *iglesia*, allí detrás de la iglesia encuentras el mercadillo.	*schau diese Straße; Ampel; links; Haushaltsgeräte; gehst weiter; Kirche*
U:	¿Está allí *todos los días*?	*jeden Tag*
R:	No – *espera*. Los martes y los *viernes*. Tienes *suerte*, hoy hay mercadillo.	*warte; Freitag; Glück*

TEST 1: Was die Mühe lohnt

Merece la pena comprar en el mercadillo.

1. comprar en el mercadillo
2. desayunar en el hotel
3. leer este periódico
4. pedir un café con coñac
5. ser amable
6. subir en ascensor
7. tomar el avión
8. conocer Santiago de Chile
9. dar un paseo por el centro
10. tener amigos importantes

TEST 2: Alle – je nachdem *todos los* oder *todas las*

todos los alemanes

1. alemanes
2. libros
3. iglesias
4. calles
5. semáforos
6. días

No *resultó* fácil encontrar el mercadillo. No era el tercer semáforo *sino* el cuarto. No era una tienda de electrodomésticos sino una *librería*. Y no era una iglesia sino un *monasterio de dominicas*. Pero sí ... en el mercadillo hay de todo: *ropa, fruta y verdura*, zapatos, *juguetes*, cosas para la cocina ...
A Uschi le gusta un *muñeco*. Es un bailador de flamenco. Es más *delgado* que El Bigote, es más elegante – *lleva un traje* muy flamenco. Y tiene un pequeño *bigote*.
Cuesta un ojo de la cara, pero le gusta a Uschi. Lo compra y lo mira *orgullosamente*. En la *suela* del zapato pone: „made in China".

stellte sich heraus
sondern
Buchladen
Dominikanerkloster
Kleidung; Obst und Gemüse; Spielzeug
Puppe
schlank
trägt einen Anzug
Schnurrbart
stolz; Sohle

TEST 3: Vergleichen

Antonio Banderas es más delgado que Maradona.

1. Antonio Banderas / Maradona – delgado
2. El rey Juan Carlos / el presidente Zapatero – agradable
3. Jorge / Gustavo – feliz
4. Gustavo / Jorge – triste
5. El recepcionista / el camarero – interesante
6. Shakira / Madonna – bonito

TEST 4: Erste-zweite-dritte – was fehlt?

la novena sinfonía de Beethoven

1. La ________________ sinfonía de Beethoven. (9.)
2. El ________________ *sentido*. (6. Sinn)
3. La ________________ *guerra mundial*. (2. Weltkrieg)
4. El ________________ hombre en la *luna*. (1. – Mond)
5. El ________________ disco de Mano Chau. (4.)
6. La ________________ dama del *estado*. (1. – Staat)

Das Idiom des Tages

Cuesta un ojo de la cara. – Es kostet ein Heidengeld.
(wörtlich: es kostet ein Auge des Gesichts)

A Uschi le gusta el mercadillo. *Ha sido* un buen *consejo* de la recepcionista. Hay muchas cosas interesantes y los *precios* no son muy *altos.* Algunos vestidos son muy muy elegantes. Uschi encuentra uno – una *falda corta* y una *chaqueta tipo „ejecutivo“.* | *ist gewesen; Ratschlag* | *Preise; hoch* | *kurzer Rock; Manager-Jackett*

U: ¿Puedo *probármelo*? | *es anprobieren*
V: Ningún problema – aquí tenemos una cabina.

Uschi entra, *se pone el vestido* y sale para *dar tres pasos.* | *zieht sich das Kleid an; drei Schritte machen*

V: Señora, *le va muy bien*, pero muy bien. Es super-sexy ... | *steht Ihnen gut*
U: ¿Ah sí?
V: Sí, sí. Le van a *perseguir* todos los *machistas* andaluces. | *verfolgen; Machos*
U: ¿No le gustan los andaluces?
V: Hombre, un marido alemán no estaría mal ...

TEST 5: Fragen Sie, ob Sie das können oder dürfen

¿Puedo probarme el vestido?

1. probar el vestido
2. ver las fotos
3. pagar con tarjeta de crédito
4. llamarte mañana
5. fumar aquí
6. subir a tu habitación contigo

TEST 6: Internationaler Superlativ *super*

Mi vestido nuevo es super-sexy.

1. mi vestido nuevo / sexy
2. los precios / alto
3. el CD nuevo de Santana / bueno
4. nuestro hotel en Tenerife / grande
5. el vuelo con Iberia / rápido
6. la última película de Almodóvar / interesante

8 Prosit! 8 ¡Salud!

Uschi lleva su *compra* – el vestido nuevo y el muñeco – al hotel. Cuando entra en la habitación suena el teléfono.	*Einkauf*
U: Diga.	
B: Hola, mi amor. ¿Sabes una cosa? Te voy a *invitar a medio día.*	*einladen zum Mittagessen*
U: ¿Pero no has dicho que no tienes tiempo?	
B: Esta noche tengo que trabajar. Pero ahora vamos a comer *pescado de primera.* Te llevo a un restaurante super-bueno.	*erstklassiger Fisch*
U: *De acuerdo.* Entonces te espero en la puerta del hotel.	*einverstanden*
B: No, cariño, es medio *complicado.* ¿Por qué no tomas un taxi? *Dile al taxista* que te *lleve* al restaurante *„El tiburón blanco“*.	*kompliziert*; *sag dem Taxifahrer; dich bringen; der weiße Hai*
U: Bueno ...	

AUF EINEN BLICK

Nahe Zukunft

Gebildet wird sie so: Form von **ir + a + Verb**
(voy, vas, va, vamos vais, van)
vamos a comer pescado
voy a invitarte oder: te voy a invitar

Nahe Vergangenheit

Form von **acabar + de + Verb**
acabo de comprar este vestido – ich habe gerade dieses Kleid gekauft
acabamos de comer – wir haben gerade gegessen
acaba de llamar Juanito – Juanito hat gerade angerufen

Kurzformel

lo steht für **es**, ersetzt etwas Männliches oder etwas Allgemeines.
te lo va a explicar – dir wird (sie) es erklären
te la voy a mandar – ich werde dir schicken

En la puerta del restaurante „El tiburón blanco" está esperando El Bigote. Uschi llega en taxi. *Se ha puesto* su vestido nuevo.	*sie hat angezogen*
B: ¡Hombre, *qué vestido*!	*was für ein Kleid!*
U: *Lo acabo de comprar.*	*ich habe es gerade gekauft*
B: ¿Has visto? Merece la pena comprar en la calle Larios.	
U: *Lo siento*, señor, yo compro en el mercadillo,	*tut mit Leid*
B: ¿En el mercadillo? *Estás loca*. Son todos gitanos allí y *te venden ropa robada.*	*du bist verrückt*; *sie verkaufen dir geklaute Kleidung;*
U: Hombre, eres un racista de primera. Eres *peor que* un „payo de mierda" ...	*schlimmer als*

TEST 1: Die richtige Form

1. (yo) ________________ a llamarte mañana.
2. (nosotos) ________________ a comer pescado.
3. (tú) ¿ ________________ a venir esta tarde?
4. (usted) Le ________________ a gustar el libro.
5. (El Bigote) No ________________ a llamarla hoy.
6. (vosotros) ¿Por qué no ________________ a tomar un aperitivo?

TEST 2: Sanfter Befehl

¿Por qué no tomas un taxi?

1. tomar un taxi **2.** comer en casa **3.** llamar al presidente
4. comprar en el mercadillo **5.** comprar un Ferrari **6.** darme un beso

TEST 3: Vorurteile einüben

Son todos gitanos allí y te venden ropa robada.

1. gitanos / vender ropa robada
2. alcohólicos / tomar todo el vino
3. bailadores / querer besar
4. vegetarianos / servir tomates viejos
5. yugoslavos / querer robar
6. putas / crear problemas

Uschi y el Bigote *están sentados* en el restaurante „El tiburón blanco“. Están tomando un aperitivo: Uschi, una *copa de champán* y El Bigote, „su whisky *con hielo*“.	*sitzen* *Glas Champagner; mit Eis*
U: ¡Salud! A la *amistad* hispano-alemana.	*Freundschaft*
E: ¡Salud! Al amor *germano-andaluz.*	*deutsch-andalusisch*
U: Una pregunta ...	
E: Dime, cariño.	
U: ¿Tu mujer sabe de nosotros?	
E: Uyy – ¡qué pregunta!	
U: Pues, ¡*contéstame*!	*antworte mir*
E: Mira – aquí hay cosas *que hay que separar* ...	*die man trennen muss*

TEST 4: Komplimente machen

Hombre, eres un racista de primera.

1. racista
2. nacionalista
3. dentista
4. artista
5. pianista
6. machista
7. sadomasoquista

TEST 5: Befehlen Sie unsanft

contéstame

1. contestar **2.** llamar **3.** preguntar **4.** ayudar **5.** esperar **6.** hablar **7.** cantar una canción (Achtung: Die drittletzte betonte Silbe bekommt einen Akzent)

TEST 6: Was gehört zusammen?

1. champán **2.** preguntar **3.** comprar **4.** hombre **5.** sal **6.** mujer **7.** contestar **8.** vender **9.** whisky **10.** pimienta

U:	Así que tu mujer no sabe de mí.	
B:	Mira ... ¿cómo te lo puedo a explicar?	
U:	Eres un *cobarde.* Me pregunto si todos los machistas son cobardes ...	*Feigling*
B:	*¿Para qué* sirve hacerla *sufrir? Al fin y al cabo* es la madre de mi hija.	*wozu; leiden; letztendlich*
U:	Ahh, tienes una hija. *Esto no lo sabía.*	*das wusste ich nicht*
B:	Hombre, *nunca* me lo has *preguntado.*	*niemals; gefragt*
U:	Ojos que no ven, corazón que no siente ...	

Das Idiom des Tages

Die Bilder für Redewendungen gleichen sich manchmal in verschiedenen Sprachen, manchmal sind sie aber auch sehr unterschiedlich. Auf Deutsch kommt ***Ojos que no ven, corazón que no siente*** der Bedeutung „Was ich nicht weiß, macht mich nicht heiß" nahe. Es passt aber mitunter auch die Übersetzung: „Aus den Augen, aus dem Sinn."

TEST 7: Fragen Sie sich das indirekt

(Verschiedene Wortstellungen sind möglich.)

Me pregunto si todos los machistas son cobardes ...

1. ¿Son cobardes todos los machistas?
2. ¿Es mucho dinero para un vestido?
3. ¿Es buena la película nueva de Almodóvar?
4. ¿Son tontos los taxistas?
5. ¿Viene Antonia mañana?
6. ¿Puedo fumar aquí?

C:	¿Les sirvo algún digestivo?	
U:	*A mí me hace falta* un café *fuerte.*	*ich brauche; stark*
B:	*Pa'mí* un *whisquicito.*	*(andalusisch) für mich; Whiskychen;*
C:	Ahora *se lo traigo.*	*ich bringe es Ihnen*
U:	No sé que te pasa. Eramos tan felices en Alemania ... Ahora estás *cambiado.*	*verändert*
B:	Mira, cariño, yo tengo a mi hija, tengo el trabajo, tengo *tantas cosas que hacer* ...	*so viele Dinge zu tun*
U:	.... y tienes a tu *esposa.*	*Ehefrau*
B:	Sí, pero *ya no nos queremos.*	*wir lieben uns nicht mehr;*
U:	Ahora he venido de Alemania, *querías* estar conmigo y resulta que tienes tantas cosas que hacer.	*wolltest*
B:	¿Qué *culpa* tengo yo?	*Schuld*
U:	Perdona, *ahora vuelvo.*	*ich komme gleich wieder*
	Uschi se levanta y va al *baño.*	*Toilette*

AUF EINEN BLICK

Vergangenheit von sein

era	éramos
eras	erais
era	eran

(ich war, du warst er/sie war ...)

Zur Betonung

(a mí) me hace falta	(a nosotros) nos hace falta
(a ti) te hace falta	(a vosotros) os hace falta
(a él) le hace falta	(a ellos) les hace falta
(a ella) le hace falta	(a ellas) les hace falta
(a usted) le hace falta	(a ustedes) les hace falta

Es würde genügen zu sagen: me hace falta – ich brauche, das **a mí** betont aber noch einmal die Person.

reden

Hay momentos *en la vida en los* que uno *necesita* el *consejo* de un buen amigo. Ahora es el momento. Uschi está en el baño del restaurante „El tiburón blanco". *Saca su móvil del bolso* y llama a su amiga Carmen en Barcelona.	*im Leben; braucht; Ratschlag* *holt ihr Handy aus der Tasche*
U: *¿Qué hago?* No tiene tiempo, no viene a dormir conmigo, está ocupado todo el día y toda la noche. Hoy – *por casualidad* – comemos *juntos.* Su mujer no sabe *nada de nada.* El tipo es un cobarde.	*was soll ich tun?* *zufällig; zusammen* *überhaupt nichts*
C: Escucha Uschi, no es tan complicado, es *muy sencillo.* Le dices cuatro *palabras.*	*sehr einfach* *Worte*
U: ¿Cuáles?	
C: ¡*O ella o yo*!	*entweder sie oder ich*

TEST 1: Was nicht mehr ist

Ya no nos queremos.

1. nos queremos **2.** tenemos dinero **3.** tomamos vino **4.** vamos a Portugal **5.** nos hace falta una casa **6.** robamos y somos malos

TEST 2: Sagen Sie's anders

Für *me hace falta* – ich brauche – kann man auch *necesito* verwenden.

Me hace falta un trabajo, ya no tengo dinero.

1. Necesito un trabajo, ya no tengo dinero.
2. ¡Necesitas un contestador automático!
3. ¿Necesitáis ayuda?
4. Señora, voy a comprar, ¿le hace falta algo?
5. Nos hace falta más tiempo.
6. A Uschi y a El Bigote les hace falta una terapia.

Das Idiom des Tages

¿Qué hago? – Was soll ich tun? (wörtlich: was mache ich?)

Uschi vuelve del baño. El Bigote casi ha terminado su whisky. Uschi *toma asiento, abre el saquito de azúcar,* lo *echa* en su café, lo *remueve* y mira a El Bigote. Ella *respira profundamente* y le dice las cuatro palabras.

nimmt Platz; öffnet ein Zuckertütchen; schüttet; rührt um; atmet tief durch

U: ¡O ella o yo!

B: ¿...? Esto qué es, un *culebrón*? — *Seifenoper*

U: No me gusta hacer estas cosas, pero *no tengo otro remedio. Decídete.* — *mir bleibt nichts anderes übrig; entscheide dich;*

B: Cariño, tienes *razón*, yo entiendo perfectamente que no puedes ser feliz así. Pero te pido una cosa, *una sola cosa.* — *Recht; eine einzige Sache*

U: ¿Qué?

B: Dame un poco de *tiempo.* — *Zeit*

TEST 3: Übersetzen Sie

1. Soll ich dich morgen anrufen?
2. Soll ich das Jackett anziehen?
3. Soll ich auf dich warten?
4. Soll ich ein Lied singen?
5. Soll ich dir meine Telefonnummer geben?
6. Soll ich tief durchatmen?

TEST 4: Die richtige Form

1. ¿Puedo __________ estos zapatos? (probar)
2. No __________ antes de la once de la noche. (volver / yo)
3. No sé que pasa, no __________ el teléfono. (sonar)
4. Enrique siempre __________ las historias más fantásticas. (contar)
5. No __________ las llaves, ¿no sabes donde están? (encontrar / yo)

Uschi (**U**) – El Bigote (**B**) – Camarero (**C**)	
El Bigote tiene un problema, tiene que *tomar una decisión. Intenta ganar* tiempo.	*Entscheidung treffen; versucht zu gewinnen*
B: Mira, esta noche vienes al *tablao* y allí te voy a explicar todo. Yo te entiendo perfectamente, *créeme*, voy a encontrar una *solución.*	*Flamenco-Lokal* *glaub mir; Lösung*
En este momento llega el camarero.	
C: ¿Los señores pagan *juntos*?	*zahlen*
U: Sí, pago yo.	
B: No, pago yo.	
U: *De ningún modo.* Yo pago.	*auf keinen Fall*
B: Pero cariño, déjame pagar, por favor ...	
La invitación *termina* así: El Bigote tiene un problema y Uschi tiene que pagar 110 euros *más la propina* por una comida *bastante desagradable.*	*endet* *plus das Trinkgeld* *ziemlich unerfreulich*

TEST 5: Abmildern oder aufwerten

Fügen Sie ein „ziemlich“ ein.

Ha sido una comida bastante desagradable.

1. Ha sido una comida desagradable.
2. Ricardo es una persona curiosa.
3. No, Dolores no es tonta, es una chica inteligente.
4. El Bigote es un tipo cobarde.
5. Este tren es rápido.
6. Mi Ferrari es nuevo, sólo tiene 10 meses.

TEST 6: Den vornehmen Kellner spielen

¿Los señores pagan juntos?

1. pagar juntos
2. tomar un aperitvo
3. querer patatas fritas
4. querer esperar todavía
5. preferir un vino tinto
6. pagar con tarjeta

10 Salir por la noche

A las ocho Uschi llega al tablao „La gitanilla". Un *empleado* (**E**) pide a Uschi la *entrada*. — *Angestellter; Eintrittskarte*

U: Estoy invitada por El Bigote.
E: Entonces espere un momento allí al lado.

Uschi *observa* la *vida* en el tablao. Llegan turistas, corren camareros, se ven bailadoras con sus trajes coloridos. *Se abren puertas, se cierran*, llegan músicos con sus guitarras. Todo es muy flamenco: los hombres con *brillantina* en el *pelo*, las mujeres con vestidos *estrechos*, muy maquilladas, con *flores* en el pelo y aros criollos bien grandes.
Uschi no se siente bien. No tiene *ganas* de pagar la entrada. No ve por qué. Al fin y al cabo está invitada.
Bueno – ya sabe como son las *invitaciones* de El Bigote ...

beobachtet; Leben
Türen werden geöffnet; geschlossen
Brillantine; Haar
eng; Blumen
Lust
Einladungen

AUF EINEN BLICK

Passiv 1
Funktioniert ganz einfach: **se + 3. Person** (Mehrzahl / Einzahl) se abren puertas, se cierran puertas – Türen werden geöffnet, Türen werden geschlossen se abre la puerta, se cierra la puerta – die Tür wird geöffnet, die Tür wird geschlossen
Passiv 2
estoy invitada por él – ich bin eingeladen (worden) von ihm la bebida ya está pagada – das Getränk ist schon bezahlt (worden)
Futur: Ich werde sprechen
hablar-**é** — habla-**remos** hablar-**ás** — hablar-**éis** hablar-**á** — hablar-**án** Die Endung gilt für alle Verben.

ausgehen

A las ocho y cuarto Uschi está *harta* de esperar. Se dirije al chico (**C**) en la caja.	*leid/überdrüssig*
U: ¿Está el Bigote, por favor?	
C: Sí, pero ahora no lo puedo *molestar.* Se está preparando para su *actuación.*	*stören* / *Auftritt*
U: Muy bien, pero estoy invitada *personalmente* por él.	*persönlich*
C: Ahh, esto lo hace con todas las chicas. Pero sólo el jefe decide *quien paga entrada* y quien entra gratis. Nosotros no podemos hacer nada.	*wer Eintritt zahlt*
U: ¿No puede llamar a El Bigote?	
En este momento Uschi ve al sobrino de El Bigote. *Lo conoció* en el aeropuerto el día de su llegada.	*hat ihn kennen gelernt*
U: ¡Pepe!	
P: Hola, señora, ¿qué tal?	

TEST 1: Versuchen Sie es mit dem Passiv

Se fuman muchos cigarillos.

1. muchos cigarillos – fumar **2.** las entradas – pagar
3. los digestivos – servir **4.** la ropa – robar
5. muchos consejos – dar **6.** el libro – leer en un día

TEST 2: Sie haben dazu keine Lust

No tengo ganas de pagar la entrada.

1. pagar la entrada **2.** ir al tablao **3.** tomar champán
4. comer en un restaurante elegante **5.** comprar un coche nuevo
6. ver esta película

TEST 3: Sie sind es leid

Estoy harto de esperar en la puerta del tablao.

1. esperar en la puerta del tablao **2.** comprar ropa mala
3. quedarse en casa en las vacaciones **4.** vivir sin amiga
5. ver todos los días a ese imbécil **6.** tener que trabajar tanto

Pepe lleva a Uschi al *camerino* de El Bigote. Es un mundo *maravilloso* – todos los artistas, bailadores, músicos ... El Bigote, sentado *delante de un espejo*, se está maquillando.	*Künstlergarderobe* *wunderbar* *vor einem Spiegel*
U: Ayy, por Diós, *pareces un mariquita.*	*siehst aus wie eine*
B: Pepe, *haz el favor de dejarnos* solos un momentito.	*Schwuchtel; sei so lieb und lass uns ...*
Pepe sale del camerino y cierra la puerta.	
U: ¿Cuándo vamos a hablar?	
B: Dame un beso primero. Ya *hablaremos*, cariño.	*wir werden reden*
Los dos se besan, cuando se abre la puerta. La *voz ronca* del jefe (**J**) *interrumpe* el beso.	*heisere Stimme; unterbricht*
J: El Bigote, te he dicho *mil veces* que no quiero chicas en tu camerino.	*tausend Mal*

TEST 4: Passiv bilden

Estamos invitados para el concierto

1. nosotros / invitar para el concierto
2. problema / arreglar
3. comida / calentar
4. verdura / comprar
5. solución / encontrar
6. dinero / gastar

TEST 5: Wie sieht Ihr Liebster / Ihre Liebste aus

Pareces un gaucho argentino

1. gaucho argentino **2.** recepcionista de un hotel sin estrella
3. vendedor de mercadillo **4.** croisán de anteayer
5. salchicha de Frankfurt **6.** caracol sin memoria

TEST 6: Auch nicht ...

Yo tampoco tengo dinero.

1. No tengo dinero. **2.** No voy al mercadillo. **3.** No pago con tarjeta.
4. No quiero un Mercedes Benz. **5.** No me llama.
6. No me gusta este vino.

Uschi ha tenido que salir del camerino. Pepe la lleva a una *mesita* de la sala. *Falta poco* – dentro de unos minutos va a empezar la función. Los camareros *reparten vasos* de plástico con sangría. Uschi prueba „la primera *bebida* gratis".	*Tischchen; es ist bald so weit* *verteilen Becher* *Getränk*
U: ¡Qué asco!, azúcar *puro*, ¡qué dulce!	*pur*
C: *A mí tampoco me gusta*, pero a los turistas *les encanta.*	*schmeckt mir auch nicht; sind begeistert davon*
La sangría ha hecho su *efecto* ya. Detrás en la sala hay un grupo muy *animado.* Cantan „Viva España".	*Wirkung* *angeheitert*
Pues no es nada fácil la vida de los artistas. *A veces* tienen que *aguantar.*	*manchmal* *aushalten*

TEST 7: Schimpfen Sie, als wären Sie der Chef

Te he dicho mil veces que no quiero chicas en tu camerino.

1. chicas en tu camerino
2. cigarrillos en el baño
3. chocolate en el sofá
4. vinagre en la ensalada
5. visitas a la hora de la siesta
6. ropa del mercadillo

TEST 8: Pärchenbildung

1. camerino **2.** jefe **3.** camarero **4.** espejo **5.** sangría
6. bailadores **7.** actuación **8.** vasos de plástico **9.** maquillarse
10. interrumpir **11.** artista **12.** servir bebidas

11 Nach der Show

11 *Después del show*

Por fin Uschi ve a su amor *bailando.* El Bigote *física-mente* no es Johnny Depp, pero su baile tiene	*tanzen(d); körperlich*
fuerza, pasión y *sobre todo arte.* ¡Cómo se mueve,	*vor allem Kunst*
con qué *rapidez* trabajan sus pies ...!	*Schnelligkeit*
Uschi *siente orgullo* – *está enamorada de* un artista de primera – y él contesta a este amor.	*fühlt Stolz; ist verliebt*
Cuando termina el show Uschi *se acuerda de* que	*sie erinnert sich*
él tiene una hija, tiene mujer y tiene un *suegro*	*Schwiegervater*
que es su jefe. Un hombre *antipático* que la *echó* del camerino.	*unsympathisch; warf sie raus*
No – no puede *seguir* así, algo tiene que cambiar.	*weitermachen*

AUF EINEN BLICK

Gerundium der Verben auf -ir / -er

1. -ir regelmäßig — discut**ir** – discut**iendo**
2. -er regelmäßig — met**er** – met**iendo**
3. -er unregelmäßig — repet**ir** – repit**iendo**
   (repito / repites / repite / repetimos / repetís / repiten)

Genauso:

1. vivir / producir / subir / abrir /escribir
2. ofrecer / tener / conocer / saber / vender
3. decir / preferir / sentir / servir

Unregelmäßige Verben

sentir – fühlen

s**ie**nto	s**ie**ntes	s**ie**nte
sentimos	sentís	s**ie**nten

Das Muster ist bekannt: 1. – 3. Einzahl + 3. Mehrzahl **ie**
1. – 2. Mehrzahl regelmäßig

Merke: *lo siento* – es tut mir Leid

Ha terminado el show. Han *vuelto* los turistas a sus autobuses. Las bailadoras se han *quitado* el maquillaje y ahora salen los artistas de sus camerinos – todos con sus vestidos „normales“.	*zurückgekehrt* *entfernt*
B: Hola cariño, ¿te ha gustado el show?	
U: No ha sido ningún show, ha sido arte, arte. ¡Eres un *maestro* de primera!	*Meister*
B: *Me alegro.*	*ich freue mich*
U: *Tendrías que* venir a trabajar a Alemania. *Podrías* abrir una *academia.* Les encanta a las alemanas, les gusta el flamenco.	*du müsstest* *du könntest; Schule*
B: Muy bien, pero ahora te llevo a tu hotel.	

TEST 1: Sätze bilden nach dem Muster

Uschi ve a su amor bailando.

1. su amor/ bailar
2. camarero / tomar vino
3. turista / cantar flamenco
4. chica / maquillarse
5. camarera / comer una hamburguesa
6. recepcionista / fumar un cigarrillo
7. taxista / llegar

TEST 2: „Hättest du“ oder „Könntest du“?

¿Tendrías un momento para mí?

1. un momento para mí
2. ayudarme mañana
3. cinco euros
4. un café para mí
5. venir otra vez
6. preguntar a tu padre
7. la hora

Los dos toman un taxi. *Mientras* el taxista *los lleva por la noche,* Uschi y El Bigote se besan.	*während; er fährt sie durch die Nacht*
U: Ayyy, por favor, ¡qué *olor*!	*Geruch*
B: *¿Qué te pasa?*	*was ist los mit dir?*
U: ¡Has fumado *hachís*!	*Haschisch*
B: No cariño.	
U: Mira, *yo sé de qué hablo.*	*ich weiß, wovon ich rede*
B: *Te juro* que no. Ha sido el guitarrista, él fuma sus *porros.*	*ich schwöre dir; Joints*
U: Claro, el guitarrista fuma y tú *apestas.*	*du stinkst*
B: Pero Uschi, ¿son *iguales* todas las mujeres? Mi mujer, *o sea* mi „ex" *habla igual igual.*	*gleich; das heißt; spricht genauso*

TEST 3: Vergangenheit ausdrücken

Los turistas han vuelto a sus autobuses.

1. Los turistas vuelven a sus autobuses. (volver)
2. Los artistas salen del show. (salir)
3. La bailadora se quita el maquillaje. (quitar)
4. Pepe Tranca trabaja en Alemania. (trabajar)
5. Los taxis llegan al tablao. (llegar)
6. El camarero reparte vasos con sangría. (repartir)

TEST 4: Was vor allem gefällt und schmeckt

Me gusta la música, sobre todo el jazz.

1. música / jazz
2. cine / las películas de Spielberg
3. comida americana / hamburguesas
4. bebidas / vino tinto

El taxi ha llegado al hotel Mil Estrellas.

U: ¿Quieres subir un poco conmigo?	
B: Hombre ... sí. Lo que pasa es *que me están esperando.*	*ich werde erwartet*
U: ¿A *esta hora*? Es *casi* la una.	*zu dieser Zeit; fast*
B: Sí, son importantes estas *reuniones*, se habla del trabajo, se preparan *contratos*	*Treffen* / *Verträge*
U: ... se bebe, se fuma y se buscan mujeres	
B: Uschi, por favor. Si tengo un amor, eres tú. No sé por qué hablas así.	
U: Mira, perdona, *me estoy repitiendo*, pero tenemos que hablar ...	*ich wiederhole mich*

TEST 5: Vorwürfe machen

Has fumado hachís.

1. fumar hachís
2. tomar mucho whisky
3. besar a otra mujer
4. tomar café con otra mujer
5. escribir un e-mail a otra mujer
6. ir al cine con otra mujer

TEST 6: Ausreden erfinden

Lo que pasa es que me están esperando.

1. me están esperando
2. no tengo mucho tiempo hoy
3. no estoy en casa hoy
4. mañana voy al médico
5. mi teléfono no funciona bien
6. mi hija viene al tablao
7. mi suegro no me quiere
8. no tengo la culpa

12 Eine andere

12 *Un mundo diferente*

Uschi vuelve sola a su habitación. El Bigote *no ha podido subir con ella*, porque tiene una „reunión importante“. ¡*A la una de la noche*! Uschi se da cuenta de que el mundo flamenco es un mundo muy *diferente*. Es un mundo de noche, de *apariencias, hay droga de por medio*, se bebe, se fuma ...
Los hombres *no comparten mucho la vida* con sus mujeres. Las mujeres se quedan en casa y los hombres salen a sus „reuniones importantes“. Es un mundo oriental. A ver que dice su amiga Carmen ...

hat nicht mit ihr hochgehen können
um ein Uhr nachts
anders
Schein; da spielen Drogen eine Rolle
teilen ihr Leben nicht

AUF EINEN BLICK

Imperfekt von *ir*

¿qué te iba a decir? wörtlich: „was dir ging (ich) sagen“ – was wollte ich dir sagen

ir – gehen	**iba** – ging
iba	íbamos
ibas	ibais
iba	iban

Imperativ: angehängtes *-te*

toma – tómate una vacaciones – nimm Urlaub
ve (ir) – vete a Córdoba – fahr nach Córdoba
casa – cásate con un príncipe – heirate einen Prinzen

-te wird an den Imperativ drangehängt. Wird das Befehlswort dann mehr als zweisilbig, braucht es einen Akzent, damit die Betonung auf der entsprechenden Silbe erhalten bleibt.

U:	Carmen, ¿eres tú?	
C:	Sí, soy yo. ¿Quién es?	
U:	Soy yo, Uschi.	
C:	Hola, ¿qué tal?	
U:	*Más o menos.*	*mehr oder weniger*
C:	¿Qué te pasa?	
U:	Bueno, no sé si ha sido una buena idea venir a Málaga.	
C:	Hombre, un viaje siempre *merece la pena.* ¿Le has dicho las cuatro palabras?	*lohnt die Mühe*
U:	Sí, *por supuesto.*	*selbstverständlich*
C:	¿Y qué?	
U:	*Pues nada,* tenemos que hablar, pero él no tiene tiempo.	*nichts*
C:	¿Sabes que tienes que hacer?	
U:	Espera, *¿qué te iba a decir? Me parece* que fuma.	*was wollte ich dir sagen; mir scheint;*
C:	*¿Drogas?*	
U:	Bueno, *porros.*	*Drogen; Joints*
C:	Hombre, esto es normal en España. Yo fumo también.	

TEST 1: Wer was nicht hat können

El Bigote no ha podido subir con ella.

1. El Bigote / subir con ella
2. Nosotros / venir antes
3. Yo / invitarte a comer
4. Carmen / llamarla a mediodía
5. Vosotros / hablar con ella
6. Yo / comprar el periódico de hoy

TEST 2: Pärchen bilden

1. academia **2.** fumar **3.** compartir la vida **4.** reunión de noche
5. show **6.** porro **7.** drogas **8.** actuación **9.** profesor **10.** mujer

C:	Entonces, ¿sabes lo que tienes que hacer?	
U:	Dime.	
C:	*Tómate unas vacaciones.*	*nimm Urlaub*
U:	Pero ahora estoy de vacaciones.	
C:	Sí ...sí, pero Andalucía es tan interesante, *vete a* Córdoba, a Sevilla, a Cádiz ...	*fahre nach*
U:	*¿Te parece?*	*meinst du?*
C:	Sí, hay tantas cosas que conocer, los autobuses no cuestan mucho y yo te doy mi *opinión.*	*Meinung*
U:	¿Sí?	
C:	Hay ciudades *más bonitas que Málaga.*	*schöner als Málaga*
U:	Entonces, ¿qué me *recomiendas*?	*empfiehlst du*
C:	Si quieres playa, vete a Zahara de los Atunes, si quieres cultura vete a Sevilla. *La marcha está en todas partes.*	*überall ist was los*

TEST 3: Was wir müssen

Tenemos que hablar

1. hablar
2. tomar un vinito juntos
3. ver la película nueva de Saura
4. encontrarnos esta semana
5. ir a ver al tablao
6. fumar un porro juntos
7. conocer Cádiz

TEST 4: Es gibt so viel ... zu ...

Hay tantas cosas que hacer.

1. cosas / hacer
2. películas / ver
3. libros / leer
4. personas / conocer
5. vestidos / probar
6. viajes / hacer

Uschi está en la cama. Todavía no puede dormir.	
Pues tiene razón Carmen, ¿por qué no *aprovechar*	*die Gelegenheit*
y hacer un viaje? Así mata dos pájaros de un tiro:	*nutzen*
Conoce algo nuevo y *se quita de en medio.* – Un	*sie stiehlt sich weg*
mensaje muy claro para El Bigote. Si la quiere,	*Botschaft*
tiene que *luchar* por ella.	*kämpfen*
Mañana después del desayuno irá a *informarse* a	*sich informieren*
la *estación de autobuses.*	*Busbahnhof*
A ver si en la recepción le pueden recomendar un	
hotel en la playa. Hombre, ¿para qué preguntar	
en la recepción? Ella tiene *una guía*, y en esta	*Reiseführer*
guía *lo pone todo.*	*da steht alles drin*

Die Idioms des Tages

1. ***matar dos pájaros de un tiro*** – zwei Fliegen mit einer Klappe schlagen (wörtlich: zwei Vögel mit einem Schuss töten)
2. ***quitarse de en medio*** – sich wegstehlen, aus dem Staub machen (wörtlich: sich aus der Mitte nehmen)

Mit solchen Ausdrücken können Sie Eindruck schinden.

TEST 5: Zuordnen

1.	te parece	**a**	sie bleiben zu Hause
2.	pareces	**b**	um ein Uhr nachts
3.	a la una de la noche	**c**	du meinst
4.	una noche	**d**	die Häuser bleiben
5.	las casas se quedan	**e**	eine Nacht
6.	se quedan en casa	**f**	du siehst aus wie

TEST 6: Ratschlag erteilen

¿Sabes lo que tienes que hacer?

1. hacer **2.** leer **3.** ver **4.** escuchar **5.** probar **6.** comer

13 Ein Stadtteil

13 *Un barrio con problemas*

El Bigote vive con su esposa y su hija en un barrio en *las afueras* de Málaga. Tienen un piso *alquilado* en un *bloque enorme.* La *mayoría* de las familias allí son gitanos. Son *vendedores ambulantes.*
Algunos venden zapatos y vestidos en el mercadillo, otros venden fruta y verdura en los *barrios residenciales.*
Otros *se dedican* a la venta de drogas, pero es una pequeña *minoría.* Traen hachís de Ketama en Marruecos o *reparten* cocaína.
También hay quien vive del *„caballo blanco"* – así llaman a la heroína. Y hay quien vive del crack.
Es un barrio „difícil", con *conflictos sociales.* Por la mañana se ven niños en la calle – ni ellos ni sus padres tienen mucho interés en la escuela.

Stadtrand; gemietet
riesiger Wohnbunker; Mehrheit; fliegende Händler
Wohnviertel
sie widmen sich
Minderheit
sie verteilen
es gibt auch welche, die; weißes Pferd
soziale Konflikte

AUF EINEN BLICK

Preterito indefinido von *ser*

fui – ich war	fuimos – wir waren
fuiste – du warst	fuisteís – ihr wart
fue – er/sie war	fueron – sie waren

Richtig, das hat überhaupt nichts mehr mit dem ursprünglichen Wort zu tun. Schön in dem Zusammenhang: für **ir** gilt die gleiche Vergangenheit: fui / ich ging / fuhr), fuiste (du gingst / fuhrst), fue (er / sie ging / fuhr), fuimos (wir gingen / fuhren), fuisteís (ihr gingt / fuhrt), fueron (sie gingen / fuhren)

Wozu das Preterito indefinido gut ist?
Es steht für abgeschlossene Handlungen in der Vergangenheit. (Perfekt steht für Vergangenes mit Bezug zur Gegenwart – heute Morgen – und Imperfekt steht für Zustände und Wiederholungen)

Son las nueve y cuarto de la mañana. El Bigote y	
su mujer están desayunando en la *cocina* de su piso.	*Küche*
La hija ha salido ya, le gusta la escuela y *no falta nunca.*	*fehlt nie*
El café está en la mesa. El Bigote se prepara una tostada como le gusta: con ajo y aceite de oliva. Normalmente no desayuna con su mujer Dolores.	
El Bigote vuelve tarde del trabajo y *suele dormir* hasta	*pflegt zu schlafen*
las once o hasta las doce. Pero hoy tienen que ir al banco por la mañana.	
Dolores está harta de vivir en el barrio, quiere *conseguir*	*erreichen*
un crédito para comprar un *chalet adosado*	*Reihenhaus*
en un barrio residencial. Dice que „*sería mejor* para	*es wäre besser*
la niña". El Bigote va, porque *le lleva ella. En el fondo*	*sie nimmt ihn mit; im Grunde*
no tiene ganas de pedir un crédito y tener que pagar *durante* 20 años. Prefiere „su *libertad*".	*während; Freiheit*

TEST 1: Welche Antwort passt?

1. ¿qué tal?	**a** no tengo tiempo hoy
2. ¿a qué hora llega?	**b** nada
3. ¿te ha gustado el show?	**c** más o menos
4. ¿cuándo vamos a hablar?	**d** no sabemos, pero va a llamar antes de salir
5. ¿qué te pasa?	**e** pues no estoy muy bien

TEST 2: Kleine Wiederholung

1. la ________ (**2.**) calle a la derecha
2. el ________ (**1.**) bailador del tablao
3. la ________ (**3.**) película de Kurosawa
4. el ________ (**4.**) cuarteto de Beethoven
5. la ________ (**5.**) sinfonía de Mahler
6. el ________ (**6.**) intento de llamar

Mujer (**M**) – El Bigote (**B**)

M: Date prisa, tenemos que salir ya.	
B: *Tranquila* – déjame *terminar* primero.	*ruhig; beenden*
M: Mira, si llegamos tarde al banco van a decir: si llegan tarde, pagan tarde *igual.*	*auch*
B: *¿A mí qué me importa?*	*was juckt mich das*
M: A ti te importan las chicas.	
B: ¡Qué dices!	
M: Ya sabes de que hablo ...	
B: *¡Qué tonterías!*	*was für ein Quatsch*
M: ¡Cariño! Te han visto con una rubia en „El Tiburón blanco". Y mi padre *le ha dicho a mi hermano* que otra vez tenías una chica en tu camerino.	*hat meinem Bruder gesagt*
B: *¡Mentira! Te juro cariño*: ¡nunca te he puesto los cuernos!	*Lüge; ich schwöre dir; Schatz*

Das Idiom des Tages

poner los cuernos – fremdgehen, wörtlich: die Hörner aufsetzen

TEST 3: Beobachtungen weitergeben

Te han visto con una rubia en „El Tiburón blanco".

1. con una rubia en „El Tiburón blanco"
2. vender marihuana a un negro
3. con dos botellas champán en el Hotel Ritz
4. con la novia del abogado en el café de la plaza
5. comprar rosas en la floristería

Achtung: 2. und 5. brauchen das Gerundium.

B:	Mira – tú sabes perfectamente que a las *guiris* les encanta el flamenco, entonces vienen a *felicitarme* al camerino. Esto *fue* una holandesa, una *aficionada.*	*Ausländerinnen* *beglückwünschen* *war; Fan*
M:	Aficionada, aficionada. ¿Y en el restaurante?	
B:	Todo mentira. Tenía que llevarle la carta del *procurador* al *abogado.* Y él estaba allí con su novia. ¿Qué culpa tengo yo si el abogado sale a comer con su *novia*?	*Staatsanwalt* *Rechtsanwalt* *Freundin*
M:	Estoy harta de tus *historias.*	*Geschichten*
B:	Te juro por nuestra hija que es todo mentira. ¿Quién te lo ha contado?	

TEST 4: Vorwürfe machen

Die kleinen Wörtchen *otra vez* (schon wieder) machen den Satz zum Vorwurf. Werfen Sie vor:

¡Otra vez has venido tarde!

1. venir tarde
2. dormir hasta la una
3. tomar mucho whisky
4. fumar porros
5. bailar con la holandesa
6. gastar todo el dinero
7. no preguntarme
8. jugar al póquer

TEST 5: Gewohnheit ausdrücken mit *soler*

Sie dürfen sich – bevor Sie mit dieser Übung anfangen – die Konjugation von „soler" im Schlüssel zu Gemüte führen.

1. En casa ______________ comer a las una y media. (nosotros)
2. Mi padre ______________ leer su periódico en el desayuno.
3. Normalmente no ______________ hacer este tipo de preguntas. (yo)
4. Mi abuelo ______________ acostarse a las ocho de la tarde.

14 Am Busbahnhof
14 *En la estación de autobuses*

Uschi suele *seguir los consejos* de sus amigos. Carmen, su amiga de Barcelona, le ha *aconsejado* „tomar unas vacaciones". Ahora Uschi está en la estación de autobuses. *Trae consigo* una pequeña *mochila* con cosas para una semana. Está buscando el autobús para Zahara de los Atunes. Suena interesante: Zahara de los Atunes. En Información le dicen que hay tres *compañías* que hacen el *recorrido*. Entonces es *cuestión* de ver *quién sale primero*. Antes de salir, Uschi se compra unas *galletas* y una *revista*. Es raro el sistema de *taquillas*, tiene que preguntar en tres *sitios* para saber quien sale primero. Al final compra un billete en la taquilla de la compañía Gómez.

die Ratschläge befolgen; geraten

hat mit sich
Rucksack

Busgesellschaften;
Strecke; Frage,
wer zuerst fährt
Kekse; Zeitschrift
Schalter; Orte

AUF EINEN BLICK

Umgangssprache

justamente hoy no me funciona la máquina ...
Eigentlich würde *no funciona la máquina* reichen. In der Umgangssprache aber wird es gerne reflexiv gemacht.
Me como una hamburguesa.

Reflexiv und unregelmäßig: *sentarse* – sich setzen

me siento	nos sentamos
te sientas	os sentáis
se sienta	se sientan

Partizip Perfekt: sentado / Gerundium sentándose

Uschi (**U**) – Empleado (**E**)

U:	Un billete para Zahara de los Atunes.	
E:	¿Para cuándo lo quiere?	
U:	Para *ahora mismo.*	*jetzt sofort*
E:	A las diez y media sale uno.	
U:	Si, *vale*, para ese.	*okay*
E:	¿*Ventana* o *pasillo*?	*Fenster; Gang*
U:	Ventana a la izquierda, por favor.	
E:	Así ve la *costa*, la playa ... ¿*Ida y vuelta* quiere?	*Küste; hin und zurück*
U:	No sé, no sé exactamente cuando vuelvo.	
E:	Pues hay una *oferta*, tienes un *descuento* de un 25 *por ciento.*	*Angebot; Preisnachlass; Prozent*
U:	Bueno, sí, ida y vuelta.	
E:	Son 26,25 euros.	
U:	¿Puedo pagar con tarjeta?	
E:	*En principio* sí, pero *justamente hoy* no me funciona la máquina ...	*im Prinzip; gerade heute*

TEST 1: Zuordnen

1. unas galletas y una revista
2. una cuestión de seguir los consejos
3. una mochila para el viaje
4. en la taquilla me han informado
5. no te aconsejo nada
6. tengo que preguntar en la taquilla

a am Schalter hat man mich informiert
b ich rate dir nichts
c ich muss am Schalter fragen
d eine Frage des Ratbefolgens
e Kekse und eine Zeitschrift
f einen Rucksack für die Reise

TEST 2: Präpositionen

1. sobre **2.** delante **3.** detrás de **4.** antes de **5.** dentro de
6. hasta **7.** durante **8.** después de **9.** de

a vor **b** innerhalb **c** von / aus **d** nach **e** bis **f** hinter **g** während

h auf / über **i** vor

Manche stehen alleine, manche brauchen ein *de.*

Diez minutos antes de la salida Uschi sube al autobús. Saca la guía y lee un poco *sobre* Zahara de los Atunes. Parece interesante. — *über*
Al lado de ella *se sienta* un señor (**S**) con *gafas de sol.* *Se quita* las gafas, y mira a Uschi. — *setzt sich; Sonnenbrille; setzt sie ab*

S: Nos conocemos.
U: ¿...?
S: Sí, nos conocemos. Hotel Mil Estrellas, huevo cocido, camarero con memoria de caracol.
U: Ahh, sí, ahora *me acuerdo.* — *ich erinnere mich*
S: Me llamo Jaime, *encantado.* — *erfreut*
U: Yo soy Uschi.
S: *¡Qué casualidad!, ¿no es cierto?* — *was für ein Zufall, nicht wahr?*

TEST 3: Adverbien hinzufügen

1. no sé
2. él viene
3. no es Jennifer López
4. desayunan a las nueve
5. lo entiendo
6. lo mira

a orgullosamente, está enamorada de él
b físicamente, pero me gusta igual
c perfectamente, conozco el tema
d normalmente, pero hoy a las ocho
e exactamente, pero creo que viene a la una
f personalmente, a las tres está aquí

TEST 4: Durchkonjugieren

1. sigo el consejo **2.** tengo que preguntar en la taquilla
3. salgo primero **4.** estoy buscando el autobús para Cádiz
5. digo que hay dos compañías **6.** tomo unas vacaciones

El viaje es muy *entretenido*, Jaime es un chico simpático, no hay *atascos* en la *carretera*, el autobús pasa por *paisajes* muy bonitos. Jaime tiene una forma *rara* de hablar, no parece andaluz.	*unterhaltsam* *Stau; (Land-)Straße* *Landschaften* *eigenartig*
U: ¿De dónde vienes?	
J: Pues, adivina.	
U: Yo qué sé, ¿de Bilbao?	
J: No, no soy español.	
U: Pero el castellano es tu *lengua* ...	*Sprache*
J: Sí, por supuesto.	
U: ¿Entonces eres *centroamericano*?	*zentralamerikanisch*
J: No.	
U: ¿*Sudamericano*?	*südamerikanisch*
J: Sí.	
U: ¿*Colombiano*?	*kolumbianisch*
J: No.	
U: ¿Chileno?	
J: No.	
U: ¿Argentino?	
J: Sí.	
U: Entonces, ¿a dónde vas, argentino, *tan lejos de tu casa?*	*so weit weg*

TEST 5: En español, por favor

1. weit weg von dir zu Hause
2. vor vier Uhr
3. nach vier Uhr
4. hinter dem Hotel
5. über Probleme der Welt
6. bis zum Busbahnhof
7. während der Vorstellung

TEST 6: Sich vorstellen

Vengo de Argentina, soy argentino y hablo castellano.

1. Argentina **2.** Francia **3.** España **4.** Italia **5.** Inglaterra
6. China

15 Kommen Sie in

15 Vuelva dentro de una hora

Después de unas horas de viaje, Uschi Fischer ha llegado a Zahara de los Atunes. Es un *pueblo* en la costa del Atlántico con muchas playas. Es el *sitio ideal* para *descansar* unos días. Uschi no tiene ganas de estar en un hotel o en una pensión. Prefiere un apartamento. Normalmente hay más *espacio* en los apartamentos, hay una *cocina* para preparar comidas y a veces también hay una terraza *propia*. En un apartamento uno se puede sentir a gusto.
En su guía *recomiendan* „Apartamentos Miramar“. No parece *caro*, está cerca del centro y a tres pasos de la playa. Uschi *toca en la puerta* de los *dueños*. Abre un senor (S).

S: Lo siento, mi mujer *lleva esto*, ahora mismo no está.
U: ¿Cuándo vuelve?
S: Dentro de una hora.
U: ¿Le queda algún apartamento?
El dueño la mira.
S: ¿Para usted?
U: Sí, para mí.
S: *Vuelva dentro de una hora.* Sí, *quedan pisos*, pero como le he dicho, mi mujer lleva esto.

Dorf
idealer Ort
erholen
Raum
Küche
eigene
empfehlen
teuer
klopft an die Tür; Besitzer
kümmert sich darum
kommen Sie in eine Stunde wieder; es gibt noch Wohnungen

AUF EINEN BLICK

Zeiten		
desde el día uno	seit dem Ersten	desde + Zeitpunkt
desde hace dos días	seit zwei Tagen	desde hace + Zeitraum
hace dos días	vor zwei Tagen	hace + Zeitraum

Das Idiom des Tages

sentirse a gusto – sich wohl fühlen, wörtlich: sich zu Gefallen fühlen

Una hora más tarde Uschi vuelve a los „Apartamentos Miramar". Otra vez toca en la puerta. Ahora la dueña (**D**) abre.	
U: Su marido me ha dicho que *le queda* un apartamento.	*übrig sein*
D: Hay poca gente. Sí tengo algo.	
U: *¿Me lo podría enseñar?*	*könnten Sie mir es zeigen*
D: ¿Es para una persona?	
U: Sí, para mí.	
D: *Venga usted conmigo.*	*kommen Sie mit mir*
La señora *coje las llaves* y se dirije a una puerta.	*nimmt die Schlüssel*
Abre y las dos entran. Es oscuro, es pequeño, *huele raro*, huele a *humedad.*	*riecht seltsam; Feuchtigkeit*
U: *¿Cuánto cuesta?*	*wie viel kostet*
D: Cuarenta *al día.*	*pro Tag*
U: ¿No tiene otro *más claro*?	*heller*
D: Lo siento, son todos iguales.	

TEST 1: Sagen Sie, wozu Sie keine Lust haben

No tengo ganas de ir al cine esta noche.

1. ir al cine esta noche **2.** bailar contigo **3.** saludar a este imbécil
4. cambiar de opinión **5.** ver la tele ahora **6.** escribir novelas

TEST 2: Fragen Sie danach

¿Le queda un apartamento?

1. apartamento **2.** piso con terraza **3.** habitación con baño
4. tomates frescos **5.** queso rallado **6.** pan integral
7. coche con aire acondicionado **8.** entrada para la función de esta noche (4.–6.: Bei Lebensmitteln fällt der kleine Artikel un / una weg.)

A Uschi no le gusta el piso. No hay muchos turistas y no puede ser difícil encontrar otra cosa. Prueba en „Apartamentos Mirasol“ y en „Apartamentos Mari-Carmen“. Estos le gustan: la habitación *es bien grande*, la cocina *lo tiene todo*, la terraza es muy bonita – hay una *vista* maravillosa, la dueña es muy simpática y el precio no es alto. Uschi se queda en „Apartamentos Mari Carmen“. Después de haberse instalado Uschi va al supermercado a comprar café, leche, pan y un poco de fruta. Cuando vuelve hay *alguien* en la terraza *de al lado*: es el argentino Jaime. Los dos se saludan *al mismo tiempo:*

es ist schön groß; hat alles; Ausblick

jemand

nebenan

gleichzeitig

U y **J**: ¡Qué casualidad!

Pero *el tono* en la voz de Uschi es más *irónico* ...

Ton; ironisch

TEST 3: Lassen Sie sich das zeigen

Me podría enseñar el piso que le queda.

1. el piso que le queda **2.** la habitación con vista al mar
3. los zapatos del escaparate **4.** el vestido rojo
5. la iglesia del pueblo **6.** la foto de la abuela

TEST 4: Wörter auf „d“ (alle weiblich)

1. universidad **2.** nacionalidad **3.** ciudad **4.** enfermedad
5. sensualidad **6.** seguridad **7.** edad **8.** sed **9.** salud
10. libertad **11.** realidad **12.** sociedad **13.** amistad
14. humedad **15.** mitad **16.** barbaridad **17.** publicidad
18. calidad **19.** casualidad **20.** verdad

a Krankheit **b** Sinnlichkeit **c** Stadt **d** Sicherheit **e** Nationalität
f Alter **g** Universität **h** Durst **i** Wahrheit **k** Gesundheit **l** Zufall
m Freiheit **n** Qualität **o** Wirklichkeit **p** Werbung **q** Gesellschaft
r Schrecklichkeit **s** Freundschaft **t** Hälfte **u** Feuchtigkeit

Lösung: **1.** __ **2.** __ **3.** __ **4.** __ **5.** __ **6.** __ **7.** __ **8.** __ **9.** __ **10.** __ **11.** __
12. __ **13.** __ **14.** __ **15.** __ **16.** __ **17.** __ **18.** __ **19.** __ **20.** __

A Uschi le gusta su *lugar de veraneo.* Hace dos días que no sabe nada de Carmen, entonces la llama.	*Ort der Sommerfrische*
U: ¿No tienes ganas de venir *unos días*? Hay *espacio para dos*, la gente aquí es muy agradable, la playa está al lado, es maravilloso ...	*einige Tage* *Platz für zwei*
C: Lo siento, pero tengo tantas cosas que hacer, no me puedo *escapar* ahora.	*abhauen*
U: ¿Sabes que tengo un *vecino que ya conozco*?	*Nachbar, den ich kenne*
C: ¿Quién es, está el gitano allí?	
U: No, noooo. Es otro *huésped*. Lo conozco del hotel en Málaga y del viaje en autobús. Es un argentino, se llama Jaime ...	*Gast*
C: ¡Uschi! Este tipo *te persigue.*	*verfolgt dich*

TEST 5: Das kann doch nicht so schwierig sein

No puede ser difícil encontrar otra cosa.

1. encontrar otra cosa **2.** leer este libro **3.** cantar en francés
4. levantarse a las seis de la mañana **5.** venir por la tarde
6. estudiar física nuclear

TEST 6: Nebendran

la terraza de al lado

1. Terrasse **2.** Haus **3.** Mann **4.** Café **5.** Supermarkt **6.** Dorf

TEST 7: Tragen Sie die richtige Form ein

perseguir – verfolgen

1. ¿Por qué tú me per_____________ ? (tú)
2. Yo no te per_____________
3. Usted me per_____________
4. Nosotros lo per_____________
5. El te per_____________
6. Ellos no per_____________ a nadie.

16 Am Strand

16 En la playa

Los días son tranquilos en Zahara de los Atunes. Uschi se levanta tarde, toma un desayuno en la terraza de su apartamento, habla un poco con Jaime, el vecino, va a la playa y pasa el día tomando el sol, *leyendo*, comiendo algo en un *chiringuito*, *durmiendo*, leyendo etc. No se siente sola, habla con la dueña Mari Carmen, con Jaime, con un camarero del chiringuito y con *una pareja* de sevillanos. Los dos son *estudiantes*, ella de inglés y él de *biología*. Uschi se da cuenta de que los jóvenes españoles no son tan diferentes de otros *jóvenes* europeos. En los pueblos tenía la *sensación* de que los *viejos pertenecen* a otro mundo, a un mundo más *antiguo*, más oriental *tal vez*.
A veces piensa en El Bigote, pero no lo llama. Quiere *hacerle sufir*, quiere pasar *una semana entera* sin hablarle. Pero un poco sufre ella también.

lesend; Strandkneipe;
schlafend
Paar
Studenten
Biologie
junge Leute
Gefühl / Eindruck
die Alten; gehören
alt; vielleicht
manchmal
leiden lassen; eine ganze Woche

AUF EINEN BLICK

Ein wenig Vergangenheit – Indefinido

Regelmäßig: cantar – **cantó** *er/sie sang* · comer – **comió** *er/sie aß* · vivir – **vivió** *er/sie lebte*

Unregelmäßig: leer – **leyó** *er/sie las* · dormir – **durmió** *er/sie schlief* · venir – **vino** *er/sie kam*

Ganz unregelmäßig: dar – **dio** *er/sie gab* · decir – **dijo** *er/sie sagte* · estar – **estuvo** *er/sie war* · ir – **fue** *er/sie ging/fuhr* · poder – **pude** er/sie konnte · poner – **puso** *er/sie setzte/stellte/legte* · ser – **fue** er/sie war

Está mañana Uschi ha llegado *a primera hora* a la playa. Anoche *volvió tempranito* a su apartamento, *leyó* media hora, *tomó* un vasito de vino y *se durmió* ya a las once.	*zu früher Stunde* / *kam früh zurück* / *las; nahm* / *schlief ein*
Ahora está tomando el sol en la playa. *Remolonea relajadamente* cuando escucha una voz (**P**) al lado:	*sie döst entspannt*
P: Hola, ¿tienes *fuego*?	*Feuer*
U: No.	
Se vuelve al otro lado para no tener que ver al tipo. *Menos mal* que hay gente cerca, no le gustan estos tipos que *andan buscando extranjeras* por la playa.	*zum Glück* / *rumsuchen; Ausländerinnen*
P: *¿Tienes hora?*	*hast du die Uhrzeit*
U: No.	
P: ¿Hablas español?	
U: *Escucha* por favor. *Estoy bien*, tengo un marido que es *campeón europeo de culturismo* y voy a descansar un poco. Haz el favor de no molestar más.	*hör zu; mir geht es gut; Ehemann; europäischer Meister im Bodybuilding*

TEST 1: Wie Sie den Tag verbringen

Paso el día leyendo un libro.

1. leer un libro **2.** decir tonterías **3.** mentir
4. pedir consejos **5.** dormir en la playa

TEST 2: Ausreden (er)finden

Perdona, me tengo que ir.

1. irse
2. tomar un tren
3. informarse primero
4. instalarse antes de medio día
5. llevar a mi madre al médico
6. llamar a mi abogado

Uschi está un poco *enfadada*. Hay un tipo que la está molestando. Pide fuego, pregunta por la hora y parece muy poco *original*. ¡Qué *atrevidos* son estos muchachos! *Debería darse cuenta* de que ella tiene más *nivel*. Pero *de repente* el tipo dice algo que la *asusta*.	*verärgert* *originell; dreist* *müsste merken* *Niveau; plötzlich* *erschreckt*
P: El argentino te persigue. *Se aloja* en tu hotel en Málaga, toma el mismo autobús, y ahora tiene el apartamento al lado del *tuyo*. Te voy a *proteger*.	*ist abgestiegen* *deines* *beschützen*
U: *¿Me estás tomando el pelo?* **P:** No, no, hablo en serio.	*willst du mich auf den Arm nehmen?*
¿Cómo puede saber todas estas cosas? Uschi *se pone nerviosa*.	*wird nervös*
U: Perdona, *me tengo que ir*. *Recoje sus cosas* y vuelve a su apartamento.	*ich muss gehen* *packt ihre Sachen*

TEST 3: Was ich müsste – freundlich mitteilen

Debería informarme primero.

1. informarse primero
2. llevar a mi madre al médico
3. tomar un tren
4. instalarse antes de medio día
5. irse
6. llamar a mi abogado

Das Idiom des Tages

tomar el pelo – auf den Arm nehmen
wörtlich: das Haar nehmen

Uschi está nerviosa. El tipo en la playa sabe cosas que no *debería saber.* Además dice que su vecino, Jaime el argentino la persigue. A Uschi le hace falta *comunicarse. Coje su móvil* y llama a su amiga Carmen.

debería saber – *wissen dürfte*
comunicarse – *sich mitteilen;*
Coje su móvil – *nimmt ihr Handy*

U: ¿Qué hago? – no me quiero quedar aquí.
C: No te preocupes. El tipo *habrá hablado* con Jaime. Pero te recomiendo otra cosa. ¿Por qué no tomás un autobús mañana y vas a Sevilla? Es *lo mejor* de toda Andalucía.
U: No tengo ganas de estar en un hotel.
C: No – no – no. Vas a casa de Sonia y Jorge – son muy buenos amigos. *Ahora los llamo.*

habrá hablado – *wird gesprochen haben*
lo mejor – *das Beste*
Ahora los llamo – *jetzt rufe ich sie an*

TEST 4: Was passt als Erwiderung?

1. ¿Sabes una cosa?
2. ¿Le queda un piso?
3. ¿Cuándo vuelve?
4. ¿Me lo puede enseñar?

a Por supuesto, a ver donde están las llaves.
b No sé, pregunte a mi señora.
c A ver, dime.
d Hombre, no sé, tal vez dentro de media hora.

TEST 5: Verlagern Sie in die abgeschlossene Vergangenheit

César vino, miró y triunfó.

1. César viene, mira y triunfa.
2. Pepa canta una canción y come un bocadillo.
3. Carlos no puede dormir.
4. Carla está en Francia.
5. Andrés se pone un traje elegante.
6. Juanita vive en Bilbao.

17 Bei Freunden

17 *En casa de amigos*

Uschi toma el autobús para Cádiz y *sigue* media hora más tarde a Sevilla. No es muy largo el viaje.	*fährt weiter*
Después de tres horas llega a *la capital* de Andalucía. Los amigos de Carmen viven *en pleno centro.*	*Hauptstadt* / *mitten im Zentrum*
En casa de ellos se *podrá* quedar *un par de días.* Se compra un *mapa* y *va caminando* hasta la casa de Sonia y Jorge.	*sie wird können; ein paar Tage; Karte; geht zu Fuß*
Carmen le ha dicho que viven en el tercero B.	
Toca el *timbre* 3º B. No *se mueve* nada. Toca otra vez.	*Klingel; bewegt sich*
Parece que no hay nadie. *¡No hay derecho!*	*Das darf nicht sein!*
Uschi toca una última vez, espera *un ratito* más y saca el móvil de su bolso cuando se escucha por *el altavoz*: ¿Quién es?	*eine kleine Weile* / *Lautsprecher*

AUF EINEN BLICK

Zeitangaben

llevo dos hora en la cocina – seit zwei Stunden bin ich in der Küche
llevo cinco años en Bolivia – ich bin seit fünf Jahren in Bolivien
llevo dos años estudiando – seit zwei Jahren studiere ich

llevar heißt also auch: etwas schon tun

Ortsangaben

en pleno centro	mitten im Zentrum
en plena calle	auf offener Straße
en pleno sol	in der prallen Sonne

U: Hola, Soy Uschi Fischer, la amiga de Carmen.	
J: Ah, sí, *súbete.*	*komm hoch*
Uschi sube por la escalera. Toca en la puerta 3º B. Le abre un tipo *en bata, sin afeitar, sin peinar.* Parece que se ha levantado hace muy poco.	*im Morgenmantel; unrasiert; ungekämmt*
J: Hola, soy Jorge.	
Le da un beso a Uschi.	
J: *¡Pasa!*	*Komm rein!*
La lleva a la cocina.	
J: ¿Quieres un café?	
U: Bueno, sí ...	
J: Perdona, *se nos ha hecho tarde anoche.* Sonia no se ha levantado todavía.	*es ist (uns) spät geworden gestern Abend*
U: ¿Estáis de vacaciones?	
J: No – no, pero hoy es *un día festivo.*	*ein Feiertag*

Das Idiom des Tages

¡No hay derecho! – Das darf doch nicht sein!
wörtlich: es gibt kein Recht (dazu)

TEST 1: Familienverhältnisse

1. el hijo de mi tío
2. el hijo de mi hermano
3. el hijo de mi abuelo
4. el padre de mi madre
5. la madre de mi padre

a sobrino
b padre o tío
c abuela
d primo
e abuelo

TEST 2: Was Sonia noch nicht gemacht hat

Sonia no se ha levantado todavía.

1. levantarse
2. lavarse
3. ir de compras
4. llamar a su madre
5. leer el libro

U: No sois de Sevilla, ¿verdad?	
J: No, somos de Barcelona los dos. Sonia y Carmen son *primas* – ¿no lo sabías?	*Cousinen*
U: Sí, algo me ha dicho Carmen ...	
J: Pero ya llevamos cuatro años aquí.	
U: ¿No es otro mundo? Catalunya es más ... *digamos* europeo.	*sagen wir*
J: Claro, por eso estamos aquí. A mí me gustan los andaluces. Hombre, será un *tópico*, pero los andaluces son *graciosos.*	*Klischee* / *witzig*
U: ¿Y el flamenco te gusta?	
J: Por favor, ¡*qué horror*! Pero *tú te has echado un novio* flamenco, ¿verdad?	*schrecklich!; du hast dir einen Freund zugelegt*

Uschi se pone un poco roja. Sí, es verdad, se ha echado un novio gitano ...

TEST 3: Wie wird das ausgedrückt?

1. Ich bin seit dreizehn Stunden auf dem Flughafen
2. Wie lange bist du schon in Spanien?
3. Ich rauche seit vier Jahren.
4. Wir warten seit 35 Minuten auf dich.
5. Wie lange sprechen Sie Deutsch?
6. Den ganzen Morgen suche ich schon diese Schlüssel!

TEST 4: Was ist gemeint?

1.	Sirve para subir	**a**	el mapa
2.	Sirve para orientarse	**b**	el café
3.	Sirve para preparar comida	**c**	el móvil
4.	Sirve para despertarse	**d**	la escalera
5.	Sirve para hablar	**e**	la cocina

Así que Sonia y Jorge saben que Uschi tiene un novio gitano. Parece que el *cotilleo* le gusta a todo el mundo. Jorge y Uschi ya llevan dos horas en la cocina tomando café cuando por fin viene Sonia (**S**). *Medio dormida* llega, saluda a Uschi.

Klatsch
halb schlafend

S: Ah, tú eres la alemana flamenca.

No le gusta el tema a Uschi, al fin y al cabo está de vacaciones.

U: ¿Qué es lo que tengo que ver aquí?

S: Hombre, *depende*, si quieres cultura, vas a *los museos.* Y si quieres marcha vienes con nosotros. *Te enseñamos* sitios donde no hay ni americanos, ni japoneses, ni alemanes ...

kommt drauf an
Museen
wir zeigen dir

U: ¡Vale!

TEST 5: Richtig oder falsch?

	r	f
1. Uschi va directamente a Sevilla.		
2. Jorge está de vaciones.		
3. A Jorge le gusta el flamenco.		
4. Sonia es catalana.		
5. Uschi quiere ver los museos.		
6. Sonia va a los sitios de guiris.		
7. Carmen es la prima de Jorge.		
8. Sonia y Jorge llevan cuatro años en Sevilla.		

TEST 6: Mutig drauflos konjugieren im Perfekt

echarse un novio mariquita y casado
Achten Sie darauf, dass „mariquita“ eine männliche Form ist.

Konjugieren Sie dann den Ausdruck:

separarse de su novia feminista, negra y judía
Achten Sie nicht auf den Inhalt, gehen Sie nicht über Los, ziehen Sie keine 4000 Euros ein.

18 Durchs Zentrum

18 *Por el centro*

En cuanto a las actividades en Sevilla, Sonia le ha dado dos *opciones* a Uschi: Marcha y museos.	*was die Aktivitäten betrifft; Möglichkeiten*
Durante el día hay tiempo para ver alguna cosa interesante:	
La catedral es la tercera más grande en el mundo.	
La Giralda es el símbolo de Sevilla.	
Los Reales Alcázares ofrecen un viaje *por medio milenio* de arquitectura.	*durch ein halbes Jahrtausend*
Y allí al lado está el *barrio de la judería*. No va ningún sevillano allí, pero está lleno de turistas.	*Judenviertel*
Uschi *camina* un poco por la judería, cuando de repente *descubre* – sentado en un café – a alguien que conoce.	*(zu Fuß) gehen* *entdeckt*

AUF EINEN BLICK

Indefinido komplett

caminar	**conocer**	**vivir**
camin**é**	conoc**í**	viv**í**
camin**aste**	conoc**iste**	viv**iste**
camin**ó**	conoc**ió**	viv**ió**
camin**amos**	conoc**imos**	viv**imos**
camin**asteis**	conoc**isteis**	viv**isteis**
camin**aron**	conoc**ieron**	viv**ieron**

Spanisch differenziert die Vergangenheit sehr genau:

1. Perfekt: abgeschlossene Handlung mit Bezug zur Gegenwart
2. Indefinido: abgeschlossene Handlung ohne Bezug zur Gegenwart
3. Imperfekt: a sich wiederholende Handlungen, b parallel laufende Handlungen, c Handlung, die schon andauerte, als eine andere einsetzte

Das Idiom des Tages

hacer de tripas corazón – sich ein Herz fassen, wörtlich: aus (seinen) Därmen Herz machen

Uschi ha visto al argentino Jaime. El no la ha visto a ella. Entonces Uschi *no sabe que hacer:* saludarlo o *ignorarlo.* No quiere ser cobarde y al fin y al cabo el tipo no es malo, ni la molesta. Uschi *hace de tripas corazón* y se acerca a su mesa.

weiß nicht, was sie tun soll; übersehen

sie fasst sich ein Herz

U: ¡Hola!

Los dos se miran.

U y **J:** ¡Qué casualidad!
J: Siéntate un momentito, ¿quieres?
U: Bueno, ¿por qué no?
J: Me estás persiguiendo.
U: Yo pensaba que era *al revés.*
J: *Cuidado, pasado mañana* vuelvo a Málaga, con el bus de las nueve y media.
U: ¡Qué casualidad!

umgekehrt

Achtung; übermorgen

TEST 1: Abgeschlossene Vergangenheit

Übersetzen Sie ins Deutsche.

1. En Alemania Uschi conoció a un bailador de flamenco.
2. Uschi se enamoró de él.
3. Viajó a Andalucía, donde él vive.
4. Se dió cuenta de que el amor no es fácil.
5. Decidió dar una vuelta por Andalucía.
6. Fue a una playa muy bonita.

TEST 2: Wie heißt die Form im Indefinido?

1. ¿Vas al banco?
2. Me compro un coche nuevo.
3. Nos separamos.
4. ¿Hablas con el jefe?
5. ¿Llegáis por la noche?
6. Se conocen en una discoteca.

J:	¿Te gusta Sevilla?	
U:	Me encanta. Estoy en casa de unos amigos, *me llevan a todas partes* ...	*sie führen mich überallhin*
J:	Sí, sí, pero hay tantos turistas. En todos lados hay japoneses, americanos, franceses, italianos ...	
U:	... y alemanas. Tienes que ir a los sitios a donde van los sevillanos.	
J:	¿Y cómo los encuentro, estos sitios?	
U:	Mira, te voy a *anotar* mi número de teléfono. A ver si esta noche *te llevamos por ahí* ...	*aufschreiben* *wir führen dich aus*

TEST 3: Anbieten aufzuschreiben

Te voy a apuntar ...

1. mi número de teléfono
2. nuestra dirección en Valencia
3. tus datos
4. la dirección de su correo electrónico
5. el título de este libro
6. el nombre de mi sobrino

TEST 4: Basteln Sie sinnvolle Sätze

1. Tienes que ir a los sitios
2. Durante el día hay tiempo para
3. Así que Sonia y Jorge saben que
4. Uschi hace de tripas corazón

a y se acerca a su mesa.
b Uschi tiene un novio gitano.
c a donde van los sevillanos.
d ver alguna cosa interesante.

U: *¿Sabes una cosa?* Te he visto cinco o seis veces, pero sólo sé que eres argentino.	*soll ich dir was sagen?*
J: ¿Qué quieres saber?	
U: ¿Por qué estás siempre en los mismos sitios que yo? Esto no me lo puedo explicar.	
J: No te preocupes, no te persigo, son casualidades. Yo vivo en *Suiza, me acabo de separar* de mi mujer, y ahora *trato de olvidar* ...	*Schweiz; habe mich gerade getrennt; versuche zu vergessen;*
U: Ayyy, que *cursi.* Esto lo dicen todos *a la hora de ligar.*	*kitschig; wenn's ans Anmachen geht;*
J: Mira ... no, *déjalo* – vamos a hablar de otra cosa.	*lass es*

TEST 5: Das haben Sie gerade getan

Acabo de separarme de mi mujer.

1. separarse de su mujer
2. perder todo mi dinero
3. conocer al rey
4. llamar a Juanita
5. conseguir un trabajo interesantísimo
6. comprarse una bicicleta fantástica

TEST 6: Dolmetscher spielen

1. Die Freunde wohnen mitten im Zentrum.
2. Gestern ist es spät geworden.
3. Seit zwei Stunden sind sie am Kaffeetrinken.
4. Er hat sich eine amerikanische Freundin angelacht.
5. Die Andalusier sind witzig.
6. Wir zeigen dir die Orte, wo was los ist.

19 In angenehmer

19 En compañía agradable

Uschi está tomando café con Jaime en una cafetería de la judería en Sevilla.

J: Estás muy guapa.	
U: Ayyy, *no me hables así.*	*sprich nicht so mit mir*
J: No, en serio, *no cabe la menor duda*, eres muy atractiva.	*es gibt nicht den geringsten Zweifel*
U: *No digas estas cosas.*	*sag so was nicht*
J: Mira esa chica allí ...	

Hay un grupo de dos chicos y una chica pasando.

J: Ella es guapa, pero *no tan guapa como tú.* Te lo juro: eres más guapa que ella.	*so hübsch wie du*
U: ¡Ya está! Estás hablando como un *libro de español ...*	*Spanischlehrbuch*

AUF EINEN BLICK

Vergleich – Steigerung			
guapo	tan guapo como	más guapo	el más guapo
guapa	tan guapa como	más guapa	la más guapa

Es gibt einige unregelmäßige Steigerungsformen:

bueno	mejor	el/la mejor
malo	peor	el/la peor
grande	mayor	el/la mayor
pequeño	menor	el/la menor

Das Idiom des Tages

no cabe la menor duda – es besteht kein Zweifel
wörtlich: es passt nicht der geringste Zweifel

Gesellschaft

A pesar de los *intentos de ligar por parte de* Jaime, Uschi y él *se han dado cita* en el Museo de Bellas Artes. — *trotz; Anmachversuche; haben sich verabredet*

U: ¿Te gusta la *pintura*? — *Malerei*
J: Mucho, me gusta más que *cualquier otro arte.* — *jede andere Kunst*
U: A mí no me gustan estos *cuadros.* — *Bilder*
J: ¿Y por qué?
U: Me parecen muy dulces, muy *cursi.* Me gusta más un Miguelangel, un Greco, un Picasso ... Pero estos *pintores* sevillanos son *de segunda ...* — *kitschig; Maler; zweitklassig*
J: Es muy duro tu *juicio.* A mí me parece que son *expresión* de un tiempo, de una *época ...* — *Urteil; Ausdruck; Epoche*
U: ¡Qué horror! *No los puedo ver.* — *ich kann sie nicht sehen*
J: *Pobre de mí.* — *ich Armer*
U: ¿Por qué?
J: Mira: yo soy pintor. Si tú hablas así de estos grandes *maestros,* ¿cómo vas a hablar de mis pinturas ...? — *Meister*

TEST 1: Was mehr gefällt

Me gusta más Shakira que Anastacia.

1. Shakira, Anastacia
2. Robert de Niro, Antonio Banderas
3. Paco de Lucía, Julio Iglesias
4. Zapatero, Aznar
5. Penélope Cruz, Jennifer López
6. Cervantes, García Lorca

TEST 2: Was passt wo (*peor – mejor – mayor – menor*)?

1. Carlos sólo tiene 4 años, es el _______ de los hermanos.
2. Alemania es el _______ productor de automóviles en Europa.
3. Julio Iglesias canta fatal, es el _______ de los cantantes internacionales.
4. Paco de Lucía toca flamenco como ningún otro, es el _______ guitarrista del mundo.

Uschi invita a Jaime a tomar *unas copas* por allí. *Si* hay una cosa en Sevilla que no falta son los bares. Es *costumbre* – como en toda España – entrar, tomar *de pie* en el *mostrador* una copita de vino o una cerveza y una *tapa*, charlar con los amigos y seguir a otro bar.

ein paar Gläschen; falls; Sitte; im Stehen; Theke; Ibero-Snack

Sevilla es grande, pero también es un pueblo: en uno de estos bares encuentran a Jorge y Sonia.

U: Estos son Jorge y Sonia, estoy en casa de ellos. Este es Jaime, un amigo, nos hemos conocido en Málaga ...

Cuando Jaime va al *baño*, Sonia se pone curiosa. — *Toilette*

S: Pero Jaime no es tu gitanillo, ¿verdad?
U: Uyy – no, ¡por Dios!
S: Pero te gusta *igual*. — *trotzdem*
U: Hombre, no es *antipático* .... — *unsympathisch*

TEST 3: Wie heißt es in der Sprache Iberiens?

1. der Anmach-Versuch ______________
2. ein zweitklassiger Maler ______________
3. ein hartes Urteil ______________
4. der Ausdruck der Zeit ______________
5. ein unsympathischer Mann ______________
6. der geringste Zweifel ______________

TEST 4: Murmeln Sie vor sich hin

Verwenden Sie alle Personenformen.

1. charlo con mis amigos.
2. juro que no es así.
3. invito a tomar una copa.
4. sigo a otro bar.

Es tiempo de volver a Málaga. Han sido unos días bonitos en la playa y en Sevilla, pero ahora Uschi quiere ver a El Bigote.	
Jaime es un tipo agradable – ¿por qué no *aprovechar su compañía*? Los dos vuelven juntos.	*seine Gesellschaft nutzen*
Después de una hora de viaje el autobús para en una *estación de servicio*. Los pasajeros tienen 20 minutos para desayunar.	*Tankstelle*
En el bar hay *jamones*, pasteles y muchos productos regionales: *dulces, tortas* etc.	*Schinken* *Marmeladen; Gebäck*
U: Uno con leche y una tostada con *mantequilla*, por favor.	*Butter*
J: Para mí lo mismo, por favor, pero la tostada con ajo y aceite.	
U: *¡No lo puedo creer!*	*ich fass es nicht!*

TEST 5: Richtig oder falsch?

	r	f
1. Uschi y Jaime son novios.		
2. A Jaime le gusta Uschi físicamente.		
3. A Jaime le gustan los pintores sevillanos.		
4. Jaime es un pintor sevillano.		
5. Uschi sale con Jaime a tomar una copita.		
6. Los dos vuelven separadamente a Málaga.		

TEST 6: Welches Wort fehlt?

1. Estamos tomando café en una __________ del centro.
2. Se han dado cita en el __________ de Bellas Artes.
3. En toda España es __________ tomar vino con alguna tapa.
4. El autobús para en una __________ de servicio.

20 Paarprobleme

20 Problemas de pareja

El viaje de Sevilla a Málaga no es muy largo, hay *una autopista seguida* y una sola *parada* de 20 minutos. A la una y media Uschi ya *está de vuelta* en su Hotel Mil Estrellas. Tiene suerte: *había reservado* una habitación sencilla y como no ha quedado ninguna, le han dado *una doble* por el precio de *una individual.* Una no sabe nunca si un día no le *puede servir* la cama grande ...
Uschi se siente un poco sola, sabe que su *„ligue"* no está lejos, pero no lo puede llamar.
La necesidad hace el maestro: Uschi se cambia, sale del hotel y se dirije al tablao donde El Bigote *actúa.* Allí *deja un recado* para él:
„Cariño, estoy de vuelta en Málaga.
Llámame al hotel. *Te echo de menos.* Besotes,
Uschi"

durchgehende Autobahn; Halt; ist zurück
hatte reserviert
Doppelzimmer
Einzelzimmer
kann nutzen
Techtelmechtel
Not macht erfinderisch
tritt auf; lässt eine Nachricht
ich vermisse dich

AUF EINEN BLICK

Verneinter Imperativ

no me habl**es** así – sprich nicht so mit mir
no me trat**es** así – behandle mich nicht so

Der Imperativ wird mit einer eigenen Form verneint:

Verben auf **-ar**	habl**a**	no habl**es**
Verben auf **-er**	com**e**	no com**as**
Verben auf **-ir**	discut**e**	no discut**as**

Das erste Idiom des Tages

La necesidad hace el maestro. – Not macht erfinderisch.
Wörtlich: Die Notwendigkeit macht den Meister.

Uschi vuelve a su habitación en el Hotel Mil Estrellas. Cuando entra por la puerta ya suena el teléfono.

U: Diga.
B: Hola, soy yo.
U: Hola, mi amor ...
B: ¡¿Dónde *estuviste*?! — *du warst*
U: Hola, mi amor ...
B: Dime, ¿dónde estuviste en todos estos días?
U: Pero amor, *no me hables así*. Te dije que me iba de viaje por ahí. Estuve en Zahara de los Atunes y en Sevilla. — *sprich nicht so mit mir*
B: ¿Por qué me dices que te vas un día, y luego te quedas una semana entera?
U: Por favor, *no me trates así*. Nunca *te dije* que sólo me iba a quedar un día. Y tampoco me he quedado una semana. Me he quedado cinco días. — *behandele mich nicht so; ich habe dir gesagt*
B: ¡Mira, no hagas estas cosas conmigo!
U: ¿Estás celoso?

TEST 1: Fischen Sie die richtige Bedeutung raus

1. no me prometas tonterías
2. no cantes tan mal
3. no llores otra vez
4. no esperes más
5. no comas estas porquerías
6. no estudies tanto

a pauke nicht so viel
b iss diese Schweinereien nicht
c warte nicht länger
d heul nicht schon wieder
e sing nicht so schlecht
f versprich mir keine Dummheiten

El Bigote está enfadado, porque Uschi „se ha ido por ahí“. Y Uschi quiere *hacer las paces* con él. Al fin y al cabo ha venido desde Alemania para ver si su amor tiene *futuro*. | *sich aussöhnen* | *Zukunft*

Los dos dan un paseo por la playa – así pueden hablar tranquilamente.

B: Mira, tienes dos semanas de vacaciones, vienes desde Alemania a verme y te vas una semana a *divertirte* en la playa. | *sich vergnügen*

U: Tú sabes perfectamente lo que está pasando: *Me prometes el oro y el moro* y al final resulta que estás casado, tienes familia y no tienes *el más mínimo interés* en estar conmigo. | *du versprichst mir das Paradies auf Erden; das geringste Interesse*

B: Pero yo siempre he dicho que no estoy libre. *¡No sé que hacer!* | *ich weiß nicht, was ich tun soll!*

TEST 2: In der Kürze liegt die Würze

Antworten Sie kurz und bündig.

Se toma vino malo y se habla mucho.

1. ¿Qué se hace en un bar?
(tomar vino malo, hablar mucho)

2. ¿Qué se hace los domingos cuando no se trabaja?
(dormir mucho, comer bien)

3. ¿Qué hace la gente en Ibiza?
(ligar mucho, dormir poco)

4. ¿Qué se hace cuando se llega a París?
(buscar un hotel, desayunar un café con leche y un croisán)

5. ¿Qué se hace por la noche?
(ver televisión y luego ir a la cama)

6. ¿Qué se hace en un supermercado?
(comprar cosas de mala calidad, pagar mucho dinero)

Das zweite Idiom des Tages

Me prometes el oro y el moro. – Du versprichst mir das Paradies auf Erden. Wörtlich: Du verspricht mir Gold und Mauren (Sklaven).

Uschi necesita hablar con alguien. Por suerte tiene su móvil. Llama a su amiga Carmen en Barcelona.

U: Qué simpática es tu prima sevillana.
C: Sonia y yo *hemos crecido juntas.* Yo la quiero mucho.
U: Y el novio ... es *simpatiquísimo.*
C: Si, Jorge es *muy buena gente.*
U: *Imagínate* a quién *le dió un ataque de celos ...*
C: Un hombre de *raza* gitana que baila.
U: Hay muchos gitanos que bailan.
C: El *Barba.*
U: ¡Se llama El *Bigote*! Y *no le gustó nada* mi *excursión* a Sevilla.

wir sind zusammen aufgewachsen
sehr sympathisch
ein klasse Kerl
stell dir vor; er bekam einen Eifersuchtsanfall;
Rasse
Bart
Schnurrbart; ihm gefiel überhaupt nicht; Ausflug

TEST 3: Befehle verneinen mit Verben auf *-ar*

No te laves, por favor.

1. lávate
2. háblame en inglés
3. paga con tarjeta
4. toma el tren
5. siéntate con nosotros
6. inténtalo

TEST 4: Befehle verneinen mit Verben auf *-er/-ir*

No me escribas, por favor.

1. escríbeme
2. corre, corre
3. aprende la lección
4. come patatas fritas
5. cree lo que dice
6. lee esa novela

21 Paarleben

21 Vida de pareja

Un día El Bigote invita a Uschi a *almorzar* en un mesón. Antes de sentarse, toman un *aperitivo* en el mostrador. Uschi pide una cervecita, El Bigote un gin tonic.

U: ¿A esta hora ya?

B: Este „ya“ *sobra.*

U: Cariño, es la una y media.

B: Eres peor que mi mujer.

U: No – sólo estoy preocupada. Pero vamos a hablar de otras cosas.

B: Así me gustas más. *Estoy harto de* escuchar lo que tengo que hacer. Todo el mundo me dice lo que tengo que hacer: mi suegro, ese *gilipollas*, mi mujer, mi guitarrista. *Hasta* la alemana que quiero me dice: „no fumes tanto“, „no bebas *a esta hora*“, „no hagas esto“, „no hagas *aquello*“.

El Bigote mira a los ojos a Uschi y le da un beso.

B: Quiero vivir contigo en Alemania.

zu Mittag essen
Aperitif
ist zu viel
ich bin es leid zu
Arschloch
sogar
um diese Zeit
jenes

AUF EINEN BLICK

Konjunktionen verbinden Sätze

como / da	pero / aber	o / oder
cuando / wenn	que / dass	si / falls
mientras / während	sino / sondern	y / und

Achtung: „ o“ wird vor „o“ zu „u“: siete u ocho
„y“ wird vor „i“ zu „e“: alemanes e ingleses

Unregelmäßiges Verb *almorzar*

almuerzo	almorzamos
almuerzas	almorzáis
almuerza	almuerzan

Der Mechanismus ist bekannt: das „o“ wird „ue“

El Bigote no es el tipo duro que parece. Por eso le gusta a Uschi. Un poco de *machismo* está bien, pero ella tampoco quiere un *tirano* como *pareja.* — *Macho-Gehabe*; *Tyrann; Partner*

Los dos han tomado el aperitivo, han almorzado y ahora hay una *buena onda* entre ellos. No está lejos el Hotel Mil Estrellas. — *gute Stimmung*

U: *Ven* conmigo, te voy a enseñar una cosa. — *komm*

B: Pero estos payos de mierda no me dejan subir a tu *cuarto.* — *Zimmer*

U: No te preocupes.

Llegados al hotel los dos, primero van al bar a tomar un café. Después pagan y van despacio hacia la recepción. Pero en un momento de *descuido* del recepcionista entran rápidamente en el ascensor abierto. Cuando se cierra la puerta los dos *revientan de risa.* — *Unachtsamkeit*; *losplatzen vor Lachen*

U: Me gustan los payos de mierda.

B: Ja- ja- ja- ja.

TEST 1: Klare Vorstellungen

Definieren Sie, wer für Sie als Partner nicht in Frage kommt.

No quiero un bailador de flamenco como pareja.

1. bailador de flamenco
2. camarero de discoteca
3. artista de segunda
4. torero japonés
5. policía de Murcia
6. vendedor ambulante

TEST 2: Verneinte Befehlsform

No te preocupes.

1. preocuparse **2.** aburrirse **3.** levantarse **4.** decidirse **5.** reírse
6. moverse **7.** divertirse **8.** acercarse **9.** acordarse **10.** informarse

El *encuentro* en la habitación de Uschi *dura* una hora y cuarenta y tres minutos.	*Treff; dauert*
B: Ya son las seis. Vamos a salir a tomar algo.	
U: *Quédate un poquito más.*	*bleib noch ein bisschen*
B: Esta noche tengo que trabajar. Me tengo que ir. Venga, vamos a tomar una copita.	
U: Pero yo quiero *champán.*	*Champagner*
B: Bueno, te llevo a un sitio donde tienen un champán de primera.	
Uschi y El Bigote bajan al *hall* del hotel. Ella entrega su llave y los dos salen rápidamente. Parece que el recepcionista se da cuenta de que El Bigote no está alojado en el hotel. Los dos *salen corriendo*, cuando escuchan un „¡oigaaaaa!“ En la calle otra vez revientan de risa.	*Eingangshalle* ... *rennen raus*
U y **B:** Ja – ja – ja – jaaaaa	
B: !Qué tonto es!	

TEST 3: Da fehlt ein Wörtchen

1. Van a un mesón y antes de sentarse, toman un __________ en el mostrador.
2. Todo el mundo me dice __________ que tengo que hacer.
3. El Bigote no es cliente, no está __________ en este hotel.
4. Los dos han tomado el aperitivo, han almorzado y ahora hay una buena __________ entre ellos.

TEST 4: Auf Deutsch

1. El encuentro en la habitación de Uschi dura una hora y cuarenta y tres minutos.
2. Te llevo a un sitio donde tienen un champán de primera.
3. Los dos salen corriendo.
4. Un poco de machismo está bien.

El Bigote no tiene muchas ganas de trabajar. Pasan por un *cine.*	*Kino*
B: Venga, te invito.	
U: *¿Qué película dan?*	*welcher Film läuft?*
B: No importa. Venga, vamos a entrar.	
Hoy parece que el Bigote tiene su día *generoso.*	*großzügig*
Parece. De hecho en el tablao su suegro siempre paga los *honorarios* a su hija, la mujer de El Bigote.	*Honorar*
Pero ayer le pagaron personalmente y ahora tiene *algo de dinero.*	*etwas Geld*
Compra dos coca colas y un *cubo gigante* de *palomitas.*	*großer Eimer; Popcorn*
U: No compres estas *porquerías.*	*Schweinereien*
B: ¿No te gustan?	
U: Sí, me gustan, me *engordan.* No quiero ser como una mamá gitana.	*machen dick*
B: A mí me gusta la *carne.*	*Fleisch*
Le *aprieta* el *trasero* a Uschi. Ella *pega un grito:*	*drückt; Hintern; stößt einen Schrei aus*
U: Por favor, no me trates así.	
Pero le gustan estas cosas *atrevidas.*	*gewagt*

TEST 5: Den langjährigen Ehepartner spielen

1. Beweg dich nicht!
2. Lache nicht!
3. Langweile dich nicht!
4. Vergnüge dich nicht!
5. Entscheide dich nicht!
6. Steh nicht auf!

TEST 6: Raten Sie mal, wer dahinter steckt

1. El hijo de mi tío es mi ____________.
2. La hija de mi hermano es mi ____________.
3. La madre de mi marido es mi ____________.
4. Los padres de mi mujer son mis ____________.
5. La hermana de mi madre es mi ____________.

22 Arbeit und

22 Trabajo y ocio

Ayer fue un día hermoso, Uschi y El Bigote	
hicieron muchas cosas. Hoy ella se levanta de	*machten*
buen humor. Baja al *comedor* y decide desayu-	*Speisesaal*
nar *„a la alemana“*. El camero viene a su mesa.	*auf deutsche Art*
C: *¿Qué te traigo?*	*was darf ich bringen?*
U: Mmmm, *quisiera* un zumo de naranja, un	*ich hätte gerne*
poco de *salmón ahumado*, queso y jamón,	*geräucherter Lachs*
un huevo cocido, un capuchino, *pan integral*	*Vollkornbrot*
con todo y al final una copita de champán.	
C: Uyy, por Dios. ¿De dónde *saco* yo todo esto?	*hole ich her*
Lo siento mucho, pero nosotros no servi-	
mos *comidas*. Lo único que te puedo pedir	*Essen*
es un poco *de atún en lata.*	*Büchsenthunfisch*
U: ¡Qué horror! *Tráeme* por lo menos un huevo	*bring mir*
cocido, por favor. ¿No podrías hablar con	
el *cocinero*?	*Koch*
C: ¿Qué cocinero? No hay nadie en la cocina.	
Me toca a mí solo preparar 33 desayunos,	*ich bin dran mit*
servirlos y *recogerlo todo.* Los clientes no	*alles abdecken*
dejan *propina* y *encima* sólo *cobro* mil cien	*Trinkgeld; obendrauf;*
al mes.	*verdiene; im Monat*

AUF EINEN BLICK

¿Fragepronomen?

¿qué (was), para qué(wofür), por qué (warum)?
¿cómo (wie), quién (wer), dónde (wo)?
¿cuál (welcher), cuándo (wann), cuánto (wie viel)?

Unregelmäßiges Indefinido: *hacer*

hice	hicimos
hiciste	hicisteis
hizo	hicieron

(Achtung Schreibweise: hizo)

El pobre camarero *le da pena* a Uschi. Tiene mucho trabajo y está mal pagado. — *tut ihr Leid*

U: ¿Estás casado?
C: *Me temo que sí.* — *ich fürchte, ja*
U: ¿Y tenéis hijos?
C: Una niña de dos años.
U: ¿Y tu mujer trabaja?
C: ¿Cómo va a trabajar si tiene la niña en casa?
U: ¿No tenéis *guarderías*? — *Kinderhorte*
C: Hombre, el año que viene hemos pensado ponerla en un *jardín de infancia.* Pero es muy caro. — *Kindergarten*
U: Menos mal que tienes trabajo.
C: Si, pero es una *miseria* lo que me pagan aquí. — *Almosen*
U: Entonces, *¿cómo te las apañas* con „una miseria"? — *wie kommst du klar?*
C: Muy fácil, trabajo por la noche en un club. A mi hija la veo los domingos.

TEST 1: Ungläubig nachhaken

¿Cómo va a trabajar si tiene una niña?

1. trabajar – una niña
2. casarse – una mujer
3. bailar – un pie roto
4. estudiar – visita en casa
5. separarse – su gran amor en casa
6. venir – dos hijos enfermos

TEST 2: Vorschläge formulieren

¿Por qué no tomas un zumo de naranja?

1. einen O-Saft trinken
2. einen geräucherten Lachs bestellen
3. ein Trinkgeld lassen
4. einen Kindergarten suchen
5. ein bisschen denken
6. nachts arbeiten

El camarero *hizo brujerías*, sirvió a Uschi un huevo cocido y una *barra* de „pan integral". En realidad es pan con *salvado*, pero no importa.	*zauberte* *Laib* *Kleie*
Uschi está desayunando y leyendo el periódico cuando escucha una voz conocida.	
J: ¿Me puedo sentar aquí?	
U: *Por supuesto.* Hola, Jaime.	*selbstverständlich*
Uschi le da un beso a su *amiguete* argentino.	*„Freund"*
J: ¿Sabes lo que me pasó ayer?	
U: *Ni idea.*	*keine Ahnung*
J: Pues tomé un taxi en la puerta del hotel. Fui a Torremolinos, tenía una *cita* allí. Cuando quiero volver me doy cuenta de que había perdido mi *monedero* con todo el dinero y todas las tarjetas. Vuelvo en tren y cuando pido las llaves de mi habitación en la recepción, *me entregan* mi monedero con todo el dinero.	*Verabredung* *Geldbörse* *bekomme ich ausgehändigt*
U: ¡Qué buenos son los taxistas!	

TEST 3: Was gehört zusammen?

1. camarero **2.** pan **3.** queso **4.** café **5.** cocinero **6.** salmón ahumado

a cocina **b** champán **c** mantequilla **d** jamón **e** leche **f** propina

TEST 4: Wie heißt es im Indefinido?

1. hago un viaje interesante
2. hacemos las paces
3. ¿hacéis ejercicios?
4. ¡haces brujerías!
5. no hacen tonterías
6. hace buen tiempo

Uschi no tiene ganas de pasar el día sola, Jaime tampoco. *De modo que* los dos salen juntos a la playa. Es un día agradable y por suerte no hay mucha gente.	*der Art, dass*
U: ¿Qué libro estás leyendo?	
J: Es una *novela* de una *escritora* argentina.	*Roman; Autorin*
U: Eres un *tipo raro.*	*komischer Kerl*
J: *¿Y eso?*	*und wieso*
U: Los hombre normalmente no suelen leer mucho.	
J: Yo no soy ninguna *excepción.*	*Ausnahme*
U: *No te entiendo.* Estas leyendo *en este mismísimo momento* y me dices que no lees.	*verstehe ich nicht; genau in diesem Moment;*
J: Sí, pero estoy de vacaciones. En casa *no me da tiempo para* leer novelas.	*habe keine Zeit zu*
U: Quieres decir que eres un *pintor inculto.*	*ungebildeter Maler*
J: Sí señora.	
U: Yo también soy inculta. A mí me gusta más el cine que la literatura.	
J: Y más Picasso que Murillo.	
U: *¡Qué culto eres!*	*was bist du so gebildet*

TEST 5: Bitte ergänzen: todo/a – cada – nada

1. Jorge está enfermo. No ha dormido en __________ la noche.
2. Duermo muy mal. __________ noche me levanto, porque no puedo dormir.
3. Muchas gracias, no tengo hambre, , no quiero __________
4. __________ no es tan fácil como parece.
5. No hay __________ para comer en casa.

TEST 6: Richtig oder falsch?

	r	f
1. Uschi quiere desayunar bien.		
2. Hay salmón ahumado.		
3. El camarero no tiene mucho trabajo.		
4. Tiene dos hijas.		
5. Tiene dos trabajos.		
6. Uschi y Jaime van a la playa.		

23 Persönliche

23 Cosas personales

Uschi se siente bien. Está en la playa con Jaime y los dos pasan el día *charlando*. Jaime es un tipo interesante. No es *feo* y sobre todo: No tiene pareja.

U: ¿Te molesta que te haga una pregunta?
J: *En absoluto.*
U: ¿Por qué te separaste de tu mujer?
J: Fue ella quien se separó de mí.
U: ¿Cuánto tiempo *llevábais juntos*?
J: Siete años.
U: ¿Entonces por qué se separó ella?
J: *Lo de siempre:* Los dos teníamos mucho trabajo, yo tenía tres *exposiciones* en dos *meses* y ella tenía que trabajar todos los fines de semana.
U: Pero ese no es *ningún motivo* para una *ruptura*, ningún motivo para *fracasar.*
J: ¿"Fracasar"? ¡Es la palabra que *corresponde*! Bueno, ¿cómo te voy a decir lo que pasó?: *Se enamoró de otro.*
U: ¡Qué tonta es!

quatschend
hässlich
überhaupt nicht
wart ihr zusammen
die alte Geschichte
Ausstellung; Monate
kein Grund; Bruch
passt
hat sich in einen anderen verliebt

AUF EINEN BLICK

Subjektive Aussagen – der Subjuntivo

¿Te molesta que te haga una pregunta?
Stört es dich, wenn ich dir eine Frage stelle?
¿Te gusta que te persigan?
Magst du es, wenn du verfolgt wirst?

Neben der „normalen" Indikativ-Form gibt es noch den Subjuntivo, eine eigene Verbform, die bei subjektiven Aussagen steht: Willensäußerungen, Ausdruck von Gefühlen, Ausdruck einer Nichtwirklichkeit, Wahrscheinlichkeit etc. Die Form entspricht der des verneinten Befehls.

Nicht übertragbar: Der deutsche Konjunktiv entspricht **nicht** dem spanischem Subjuntivo.

Uschi y Jaime están hablando de cosas *íntimas.* Suena el móvil de ella.	*sehr persönlich*
C: Soy yo, Carmen. **U:** Hola cariño, ¿qué tal? **C:** ¿Dónde estás? **U:** En la playa. **C:** ¿Estás sola? **U:** No, hay un tipo que me persigue.	
Le mira a Jaime y *sonríe.*	*lächelt*
C: ¿El argentino? **U:** Sí, el argentino. **C:** ¿Y el gitanillo no te persigue? **U:** Sí, él también. **C:** ¿Te gusta que te persigan?	
U: Hombre, *no tengo nada en contra.* **C:** *Ten cuidado,* si no esto va a acabar como el rosario de la aurora.	*ich habe nichts dagegen; gib Acht*
U: No te preocupes, *soy mayor de edad.* Nos hablamos cariño ...	*ich bin volljährig*

Das Idiom des Tages

Esto va a acabar como el rosario de la aurora. – Das wird bös' enden. Wörtlich: Wird enden wie der Rosenkranz im Morgengrauen.

TEST 1: Subjuntivo probieren

¿Te molesta que llame a las once?

1. llamar a las once
2. venir a las doce
3. hacer la comida
4. fumar aquí
5. ayudarte un poco
6. comer un helado

Uschi *ha quedado* a las once *con* Jaime. Quieren ir a bailar. Por la tarde da una vuelta por el centro. Necesita comprar unas cosas y quería ver si no tiene algún *correo electrónico*. Va a un *cibercafé* y entra.	*hat sich verabredet mit* *E-Mail; Cybercafé*
U: Hola, ¿tenéis un *ordenador disponible*?	*verfügbarer PC*
E: El 17.	
El empleado le indica una computadora libre *en el fondo*. Uschi se instala y *se conecta* con su *servidor*. Espera 10 segundos, espera 20 segundos, espera un minuto – nada. Entonces vuelve a a hacer la *operación*. Otra vez no se mueve nada. Lleva cinco minutos ya en esta *maldita* máquina y se harta.	*im hinteren Teil des Ladens; verbindet sich; Server* *Prozedur* *verdammt*
U: Oiga, esta computadora *no funciona*, no sé que le pasa. ¿No tienen otra?	*funktioniert nicht*
E: *No puede ser*, es nueva, debe funcionar.	*das kann nicht sein*
U: Mira, llevo diez minutos intentando conectarme con mi servidor.	
E: Mira, puede ser que haya problemas con un servidor extranjero. Pero ahora mismo no tengo otra máquina. *Mejor que vuelvas* en otro momento. De todos modos no te voy a cobrar nada.	*besser kommst du*

TEST 2: Wie muss es heißen?

1. **a** quieres que abres la ventana
b quieres que abra la ventana
c quieres que abris la ventanta

2. **a** puede ser que hay problemas
b pode ser que haya problemas
c puede ser que haya problemas

El Bigote tiene que trabajar esta noche. Así Uschi tiene tiempo para *hacer lo que le da la gana.* Jaime tiene ganas de ir a bailar con ella.	*tun, wozu sie Lust hat*
J: Vamos al Tatoo, es una discoteca que acaban de *estrenar.*	*einweihen*
A Uschi le gusta el interés que Jaime tiene por ella. Pero sabe perfectamente que no le *agradaría* a El Bigote saber que ella sale a bailar. *Pongamos las cartas sobre la mesa*: ¿A quien no le encanta *ser admirado* por dos *pretendientes*?	*würde gefallen*; *seien wir ehrlich*; *bewundert werden*; *Anwärter*
J: ¡Estás muy, muy guapa!	
Sólo ahora Uschi se da cuenta de que metió una hora entera para *arreglarse. Será porque* le gusta este argentino ...	*sich herausputzen*; *es wird wohl sein, weil*

TEST 3: Vorschlagen

Pongamos las cartas sobre la mesa.

1. poner las cartas sobre la mesa
2. hacer un viaje
3. comer paella
4. comprar un Mercedes Benz
5. hablar abiertamente
6. fumar un porro

TEST 4: Wie geht der Satz weiter?

1. Pero esto no es ningún motivo
2. Mira, llevo diez minutos
3. Uschi se da cuenta de que metió

a para una ruptura.
b una hora entera para arreglarse.
c intentando conectarme con mi servidor.

24 Überraschungen

24 Sorpresas

Anoche Uschi volvió muy tarde, *mejor dicho*, esta mañana. A las diez *se presenta* en el comedor – no quiere *perder* el desayuno. Pero el camarero está recogiendo ya. Cuando la ve, no la saluda y *de modo que todo el mundo se dé cuenta* mira su reloj.

U: *Perdona, voy con la hora pegada al culo.*
C: ¡Quien llega tarde no oye misa ni come carne!
U: Un cafecito, por favor, venga, y un croisán. Nada de huevos cocidos, salmón ahumado o *jamón serrano.*
C: Esto es para *volverse loco.* Cada mañana hay otro que *no respeta el horario.* ¡Estoy solo aquí!
U: Perdona, se me ha hecho tarde anoche.
C: *Esto me trae frito.*
U: Venga, una sola vez. Sin café no puedo vivir.
C: Mira, te puedo traer un café, pero el croisán te lo tienes que comer sin nada.
U: *¡Eres más bueno que el pan!*

besser gesagt
taucht auf
verpassen
so, dass jeder es merkt
ich habe es wahnsinnig eilig
Bergschinken
das macht mich verrückt; respektiert den Stundenplan nicht
das macht mich fertig.
du bist die Güte selbst

AUF EINEN BLICK

Demonstrativpronomen
dieser hier: este/esta/esto – estos/estas dieser da: ese/esa/eso – esos/esas jener da: aquel/aquella/aquello – aquellos/aquellas
éste/éstos (m) und *ésta/éstas* (f) haben dann einen Akzent, wenn sie alleine stehen.

¡Qué bueno es un café por la mañana! Sobre todo después de una *noche de amor.* Ayer Uschi y Jaime se fueron al Tatoo, bailaron, tomaron unas copas, charlaron y *se acercaron.*	*Liebesnacht* *kamen sich näher*
A la vuelta, en el hotel, todo fue muy fácil: Cada uno pidió la llave de su habitación – así el recepcionista no *pudo* decir nada. En el ascensor Jaime la invitó a su habitación y ella aceptó.	*konnte*
A las cinco de la mañana Uschi *se marchó* a su propia habitación. No quiere que en el hotel se den cuenta de sus *excursiones nocturnas.* Jaime *seguramente* dormirá hasta medio día, no es muy *madrugador.* Pero a ella le encanta el desayuno. Por suerte decidió levantarse. Parece que hay una sorpresa: Llega el camarero diciendo „allí está desayunando“. Trae consigo a El Bigote.	*ging* *nächtliche Ausflüge;* *sicher; Frühaufsteher*

TEST 1: Welche Übersetzung trifft es?

1. Voy con la hora pegada al culo.
2. ¡Quien llega tarde no oye misa ni come carne!
3. ¡Eres más bueno que el pan!
4. Esto va a acabar como el rosario de la aurora.

a Das geht aus wie das Hornberger Schießen.
b Wer zu spät kommt, den bestraft das Leben.
c Du bist ja soo gut (zu mir).
d Ich hab’s ja soo eilig.

Uschi se pone roja como un tomate cuando ve a El Bigote.

B: Holaaa mi amor. ¿Qué te pasa? Te veo nerviosa.
U: Hola ...
B: ¿Me invitas a un cafecito?
U: Con mucho gusto. Pero *está en huelga* el camarero.

ist im Streik

B: ¡Y eso!
U: Es peor que un alemán. A las diez termina el horario del desayuno, entonces *a las diez en punto* deja de *atender a los clientes.*

um Punkt zehn
die Kunden bedienen

B: ¡Oigaaa! Uno con leche por favor ... ¿Sabes que me pasó anoche?
U: ¿Qué?
B: Pues había un grupo de italianos en el tablao. Sale Rosa a bailar un solo cuando se sube al escenario *un cachondo de estos.* Quería bailar con ella. Rosa no pudo terminar y no había manera de *sacarlo de allí.* Encima todo el mundo *meándose de risa.*

so ein Witzbold
ihn da wegholen
sich bepinkeln vor Lachen; lustig

U: ¡Qué *divertido*!
B: ¿Y tú, qué hiciste anoche?

TEST 2: Setzen Sie ein „dies" davor

Achtung: Vorher überlegen, ob männlich, weiblich, Einzahl oder Mehrzahl.

1. ________ cachondo
2. ________ madrugador
3. ________ huelga
4. ________ excursión
5. ________ turista
6. ________ noche
7. ________ recepcionista
8. ________ tomate
9. ________ hotel
10. ________ lección

El Bigote quiere saber lo que Uschi hizo anoche. Ella no tiene *mala conciencia*, pero *no tiene sentido* contárselo todo. Jaime es un amigo, un tipo simpático, pero no es ningún hombre para toda la vida, para *convivir* ...	*schlechtes Gewissen; hat keinen Sinn* / *zusammenleben*
Uschi no tiene ganas de contestar.	
U: Venga, vamos a dar una vuelta.	
Los dos salen al centro. Uschi quiere dar un paseo.	
El Bigote se da cuenta de que algo ha cambiado. Camina con ella *abranzándola* y le habla del futuro: Lo bonito que sería encontrar un trabajo en Alemania, que ya ha empezado a aprender algo de inglés, que le encanta la *disciplina* de ella y de toda Alemania.	*sie umarmend* / *Disziplin*
De repente se escucha un *grito* largo:	*Schrei*
„¡Hijo de la gran putaaaa!“	*verdammter Hurensohn*
Plifff, desde atrás alguien le ha dado una *bofetada* a El Bigote.	*Ohrfeige*
Una mujer que Uschi no conoce. Pero sabe *en seguida* que sólo puede ser la mujer de El Bigote.	*sofort*

TEST 3: Wie geht der Satz weiter?

1.	Solemos desayunar	**a**	al cine los sábados.
2.	Sentimos mucho	**b**	en el bar.
3.	Julia lleva seis años	**c**	estudiando.
4.	Seguimos viviendo	**d**	no poder venir a la fiesta.
5.	Suelo ir	**e**	en la misma casa.
6.	Jorge vuelve a	**f**	salir con su novia.
7.	No es ningún hombre	**g**	como un tomate.
8.	Se pone roja	**h**	para toda la vida.

25 Conflicto matrimonial

Ehekrach

Barrio de los Milagros, calle Cruz, bloque 23, 3ero A, piso de El Bigote y su familia. La niña está en la escuela. Se escuchan *ruidos*, pero no hay palabras. El matrimonio *se queda callado. Hace un día que* Dolores no habla a El Bigote. Lo único que siente es *rabia*. Se quiere *vengar*, pero no sabe cómo.

Geräusche
schweigt; seit einem Tag; Wut
rächen

D: Escucha, te voy a decir tres cosas. Y después ya no te quiero hablar.
Uno: se terminó el amor. No te quiero más. Ya no quiero vivir contigo. Me voy a quedar con la niña en el piso. *Te ruego* que te busques lo que sea para ti y tus *putas* extranjeras.
Dos: voy a hablar con mi padre. Te tendrás que buscar otro trabajo. Quiero una sola cosa: *que desaparezcas de mi vida.*

B: ¿Y la tercera cosa?

D: Mañana *pido el divorcio.*

bitte dich
Huren
dass du aus meinem Leben verschwindest
beantrage ich die Scheidung

AUF EINEN BLICK

Formen des Subjuntivo		
busc**ar**	met**er**	viv**ir**
busque	meta	viva
busques	metas	vivas
busque	meta	viva
busquemos	metamos	vivamos
busquéis	metáis	viváis
busquen	metan	vivan

Die unregelmäßigen Formen leiten sich meist von der 1. Person Einzahl Präsens ab: desaparezco ➤ desparezca / tengo ➤ tenga etc.

Hay *silencio* en casa de El Bigote. Hay dos *maneras* de *enfrentar* un *conflicto matrimonial*: *o* callarse *o* hablar.	*Ruhe; Art und Weise; Ehekräche angehen; entweder ... oder*
Dolores se calla. Pero El Bigote no aguanta más la *tensión* del silencio. Quiere hablar. Y quiere *salvar* la situación.	*Spannung; retten*
B: Escucha Dolores.	
Normalmente llama „Loli" a su mujer. Pero cuando tiene algo importante que decir la llama por su *nombre oficial.*	*offizieller Name*
B: Escucha Dolores, siento de verdad lo que ha pasado. Sí, conozco a esa guiri, pero no es nada que tenga importancia. Es una aficionada del flamenco, pero no la quiero. Yo sólo quiero a la madre de mi hija. Mira, nosotros *nos casamos* porque nos queremos. Yo no quiero vivir con otra. No te quiero *perder*, amor, no quiero que *fracase* nuestra familia.	*wir haben geheiratet; verlieren; scheitert*
Te prometo que *de ahora en adelante* voy a respetar tus *sentimientos. Lo juro por mi madre.* Quiero ser *feliz* contigo. Sólo te quiero a ti.	*von jetzt an; Gefühle; ich schwöre bei meiner Mutter; glücklich*
D: Lo siento, pero eso ya no tiene sentido.	

TEST 1: Subjuntivo fehlt

1. No creo que él __________ hoy. (venir)
2. Déjame que te lo __________ (explicar)
3. ¿Le molesta que __________? (fumar)
4. ¿Quieres que __________ el postre ya? (traer)
5. Espero que la situación no __________ demasiado difícil. (ser)
6. Tengo miedo de que ellos me __________ algo que no sé. (preguntar)

Hay hombres que *no llegan nunca a ser* adultos. Y hay mujeres que nunca llegan a ser adultas. Dolores, cuando tiene un *problema gordo, se pone en contacto* con su padre.	*kommen nie dazu ... zu werden* *dickes Problem; setzt sich in Kontakt*
D: Papá, no sé qué hacer.	
P: ¿Qué te pasa hija?	
D: *Nos vamos a divorciar.*	*wir lassen uns scheiden*
P: ¡Estáis locos!	
D: Mira, no aguanto más, ayer *lo cogí con las manos en la masa*, ¡¡¡abrazando y besando a una guiri en medio de la calle!!!	*ertappte ihn auf frischer Tat*
P: Tranquila, tranquila ... Esto *es normal en los hombres.* Esto lo he hecho yo también con tu madre. Y lo harán un millón de hombres en el futuro. Pero no es ningún motivo para divorciarse.	*ist normal für Männer*
D: No aguanto más.	
P: Mira, voy a hablar con El Bigote y *le voy a cantar las cuarenta.*	*ich werde ihm den Marsch blasen*

TEST 2: Vor & seit

Hace un día que Dolores no habla con su marido.

1. Dolores, hablar con su marido, 1 día
2. yo, verlo con otra, 2 días
3. mi padre, cogerlo con las manos en la masa, 1 mes
4. yo, conocer a esta guiri, 2 horas
5. nosotros, comprar un coche nuevo, 1 semana
6. mi marido y yo, separarse, 1 año

Tablao „La Gitanilla". *Falta media hora* para que empiece el primer turno. Ya están llegando los primeros espectadores. El jefe del tablao se dirije al camerino de su *yerno.*	*noch eine halbe Stunde*; *Schwiegersohn*
P: ¡Bigote! ¿Qué está pasando? Esta mañana me ha llamado Dolores, *tiene una bronca que no veas.*	*hat so einen Hals*
B: ¿*Cómo se le puede ocurrir pegarme* en medio de la calle? Es una tonta.	*wie kann ihr in den Sinn kommen, mich zu schlagen;*
P: ¿Con quién *te pilló*?	*hat sie dich erwischt*
B: No la conoces.	
P: ¿No será la guiri que entró el otro día aquí?	
B: *Yo qué sé ...*	*was weiß ich*
P: Mira, sabes perfectamente que yo siempre tenía mis *ligues* por allí. Pero mi mujer no me pilló ni una sola vez.	*Affären*
B: No sé qué hacer. Me parece que esta vez Dolores está hablando *en serio.*	*im Ernst*
P: *Arregla esto.* Puedes hacer *lo que te dé la real gana.* Pero si vosotros os separáis, se te va a terminar tu contrato.	*bring das in Ordnung; wozu immer du Lust hast*

TEST 3: Übersetzen macht immer wieder Spaß

1. Ich hatte immer meine Affären.
2. Dolores hat soooo einen Hals.
3. Wenn sie ein dickes Problem hat, setzt sie sich mit ihrem Vater in Kontakt.
4. Das ist kein Grund, sich scheiden zu lassen.
5. Ich möchte nicht, dass unsere Familie scheitert.
6. Du wirst dir eine andere Arbeit suchen müssen.

26 Zusammen

26 Encuentros

Jueves, 18 de mayo, nueve y cuarto de la mañana. Comedor del Hotel Mil Estrellas. Jaime está terminando su desayuno. No es muy divertido desayunar solo. Por eso busca la *compañía* de un buen periódico. „El País“ es su periódico *preferido, trae muchos artículos* sobre la situación en América Latina. Uschi entra en la sala, mira y descubre a Jaime.

Gesellschaft
bevorzugt; bringt
viele Artikel

U: Te molesta si ...
J: En absoluto. Siéntate.
U: ¿Qué tal *dormiste*? — *hast du geschlafen*
J: Bien, ¿y tú?

Los dos se entienden bien, pero no quieren pasar cada noche juntos. *Tan fuerte* no es la *atracción*. — *so stark, Anziehung*

U: ¿Qué vas a hacer hoy?
J: No sé ... no hace buen tiempo. Aquí *pone* que a las doce *se inaugura* una exposición de fotos de un fotógrafo argentino. ¿Tienes ganas de venir?

steht
wird eröffnet

AUF EINEN BLICK

Wochentage

lunes – Montag	viernes – Freitag
martes – Dienstag	sábado – Samstag
miércoles – Mittwoch	domingo – Sonntag
jueves – Donnerstag	

Monatsnamen

enero	abril	julio	octubre
febrero	mayo	agosto	noviembre
marzo	junio	septiembre	diciembre

Jueves, 18 de mayo, *doce y media* de la mañana. Jaime y Uschi están en la galería *„Granangular"*. Es una galería *especializada* en fotografía *contemporánea.* Hoy se inaugura la *muestra* de Sergio Rosas. Acaban de hablar la galerista y un *representante* del consulado argentino. Ahora *le toca* al artista.	*halb eins* *Weitwinkel* *spezialisiert; zeitgenössisch; Ausstellung* *Vertreter; ist dran*
R: Muchas gracias por esta *recepción* tan calurosa. Hoy es *la cuarta vez* que *expongo* en Málaga. Para mí es un momento especial: Viví dos años en esta ciudad, les debo muchísimo a los *malagueños,* y – la cosa más importante de mi vida – aquí encontré a mi *esposa.* No quiero perder el tiempo, *disfruten* de la muestra y si tienen alguna pregunta – aquí estoy. Muchas gracias ... [*aplauso* del público]	*Empfang* *das vierte Mal; ich stelle aus* *Bewohner von Málaga* *Ehefrau; genießen Sie* *Applaus*
Uschi y Jaime empiezan a mirar las fotos *expuestas.*	*ausgestellt*
U: Son *impresionantes* estas fotos.	*eindrucksvoll*
J: *¿Te parece?* ¿Te gustan de verdad? No sé, a mí me parecen un poco *artificiales.*	*meinst du?* *künstlich*
U: En absoluto. A mí me encantan.	
J: ¿Te presento a mi *compatriota*?	*Landsmann*
U: ¡Por favor, *no te atrevas*!	*wag dich!*

TEST 1: Wochentage, Monatsnamen und Ordinalzahlen

1. El segundo mes del año es ______________
2. El tercer día de la semana es ______________
3. El cuarto mes del año es ______________
4. El quinto día de la semana es ______________
5. El sexto mes del año es ______________
6. El séptimo día de la semana es ______________

Jueves, 18 de mayo, dos de la tarde. Jaime invita a Uschi a comer. *Ha elegido* un restaurante cerca de la *Plaza de la Constitución.*	*er hat ausgewählt* *Platz der Verfassung*
U: ¿Cuándo sale tu avión?	
J: A las siete. A las cuatro y media salgo para el aeropuerto.	
U: ¿Alguien *te va a buscar* en *Ginebra*?	*kommt dich abholen;*
J: *Me imagino* que va a estar mi *ex.*	*Genf; ich denke mal;*
U: ¿Pero no tiene a otro?	*Ehemalige*
J: Claro que sí, pero seguimos siendo buenos amigos. La llamo *todos los días.*	*jeden Tag*
U: *¡No me digas!*	*das ist nicht wahr*
J: ¿Y tú y yo, vamos a seguir siendo buenos amigos?	
Uschi le da un beso.	
U: Muy buenos amigos.	
Un tipo oscuro, con aspecto de gitano, llega a la mesa de ellos.	
B: Hola, muy buena amiga.	

TEST 2: Erst auf Deutsch und dann das Gegenteil

1. inevitable __________ __________
2. increíble __________ __________
3. desigual __________ __________
4. indiscutible __________ __________
5. desagradable __________ __________
6. incorregible __________ __________

TEST 3: Immer so weiter

Vamos a seguir siendo buenos amigos.

1. ser buenos amigos
2. trabajar en la misma empresa
3. tomar coñac
4. aburrirse
5. leer El País
6. pedir justicia

Jueves, 18 de mayo, dos y media de la tarde.

B: ¿Me presentas a *este amante* tuyo?	*den (abschätzend) Liebhaber*
U: Tranquilo. Siéntate, amor. Jaime – un amigo de Argentina, El Bigote – un amigo de Málaga.	

Jaime le da la mano a El Bigote.

J: Encantado.	
B: ¿Qué es lo que quieres de ella?	
J: *No le entiendo.*	*ich verstehe Sie nicht*
B: *¡No te hagas el sueco!*	*spiel nicht den Dummen*
J: Usted no tiene ningún motivo para *mosquearse* tanto.	*aufregen*
U: Tranquilos, chicos, tranquilos. Qué bonito sería el mundo *sin celos*, ¿verdad?	*ohne Eifersucht*
B: *Te voy a cortar los huevos.*	*ich werde dir die Eier abschneiden;*
U: *Compórtate*, si no vamos a salir.	*benimm dich*

El Bigote se ha levantado para *atacar* a Jaime, pero Uschi lo *empuja* en su silla.	*angreifen; stoßen*
U: ¿Vamos a hablar como personas *adultas*?	*erwachsen*
Es un encuentro *desagradable*, pero *inevitable. No sirve para nada*, pero *entretiene* a todos los clientes *alrededor.*	*unangenehm; unvermeidbar; führt zu nichts; unterhält; drum herum*

Das Idiom des Tages

¡No te hagas el sueco! – Spiel nicht den Dummen!
Wörtlich: Mach nicht den Schweden!

TEST 4: Was gehört zusammen?

1.	contemporáneo	**a**	Verfassung
2.	compatriota	**b**	die Eier abschneiden
3.	constitución	**c**	Landsmann
4.	celos	**d**	zeitgenössisch
5.	comportarse	**e**	sich benehmen
6.	cortar los huevos	**f**	Eifersucht

27 Das letzte

27 La última cena

Hace días que Uschi no *se comunica* con su amiga Carmen en Barcelona. El viernes por la mañana Carmen la llama.	*setzt sich in Verbindung*
C: Hola, *infiel.*	*Untreue*
U: ¿Por qué infiel?	
C: Parece que te has olvidado de mí.	
U: *¡Qué va!*	*gar nicht*
C: ¿...?	
U: *Tuve que impedir una guerra.*	*musste einen Krieg verhindern;*
C: *Por Dios,* ya me puedo imaginar lo que tiene que *haber sucedido.*	*um Gottes willen; sich ereignet hat*
U: A ver ...	
C: Saliste con el argentino y os vió el gitanillo. *Montó una bronca,* un *escándalo de culebrón,* casi lo mata al pobre gaucho.	*er zettelte einen Streit an; Seifenoperskandal; fast bringt er ihn um*
U: ¿Quién te ha contado eso?	
C: Nadie – es lo que tenía que pasar. ¿Con quién de los dos te quedas *al final*?	*letztendlich*
U: Mira, Jaime es un amigo y El Bigote ha sido un ligue.	
C: ¿Nada más?	

AUF EINEN BLICK

Multifunktionale Präposition – *por*	
por la tarde	nachmittags
por aquí	hier irgendwo
por esta puerta	durch diese Tür
pasar por Roma	über Rom fahren
por la lluvia	wegen des Regens
por tres euros	für drei Euro
por usted	Ihretwegen
por lo menos	wenigstens
por/para un año	für ein Jahr

Abendmahl

27

Das letzte Abendmahl

Restaurante „El Tiburón Blanco". Es la última cena de Uschi y El Bigote. Ella *se ha propuesto cortar* con él. Pero no son muy fáciles estas discusiones. — *sie hat sich vorgenommen, Schluss zu machen*

B: ¿Qué quieres pedir, cariño?
U: *No tengo mucha hambre.* — *habe nicht viel Hunger*
B: Hombre, cómete un pescado, en Alemania no tenéis cosas tan buenas.

El camarero viene a su mesa.

C: Los señores ya han elegido las bebidas. ¿Tal vez quieren algún aperitivo?

U: Una *coca* por favor. — *Cola*
B: *Pa'mí* un whisquicito con hielo. — *für mich*
C: ¿El señor lo quiere *de importación*? — *importiert (= teuer)*
B: Por supuesto, hombre.
C: Ahora mismo se lo traigo.

El camarero *se aleja.* — *entfernt sich*

B: Te veo rara, ¿qué te pasa, mi amor?
U: No sé cómo decirtelo ...

TEST 1: Welche Antwort passt?

1. ¿Te gustan de verdad?
2. ¿Qué quieres comer, cariño?
3. ¿Cuándo sale tu avión?
4. ¿Me presentas a la señora?
5. ¿El señor quiere un whisky de importación?
6. ¿Qué te pasa, mi amor?

a Por supuesto, es mi jefa.
b Ni idea, me parece por la noche.
c No sé como explicarte.
d No, me parecen una barbaridad.
e No sé, no tengo hambre.
f No, uno nacional por favor.

Los restaurantes sirven para *festejar* cosas importantes y cosas menos importantes. Pero también sirven para *enterrar lo que murió*. Uschi aprovecha la comida para poner las cartas sobre la mesa. — *feiern*; *begraben, was gestorben ist*

U: *Me cuesta* hablar. — *es fällt mir schwer*
B: *¡Desembucha!* — *lass es raus*
U: Mira, no sé como decírtelo.
B: Venga, *déjate de rodeos.* — *red nicht um den heißen Brei herum*
U: Está noche no he podido dormir. He pensado y *he llegado a la conclusión* de que no tiene sentido lo nuestro. — *bin zu dem Schluss gekommen*
B: ¿Quieres a ese argentino de mierda?
U: No, de verdad que no, pero nosotros somos tan diferentes, tú tienes tu familia, tu hija, tu suegro.
B: ¡Uschi! Te quiero. Mira, yo quería buscarme un contrato en Alemania para estar contigo.
U: No: éste es tu sitio, el mío es *allá*. Vamos a seguir siendo amigos. — *dort*

TEST 2: Wie würde der Spanier sagen?

1. Red nicht um den heißen Brei herum.
2. Es fällt mir schwer, hierher zurückzukommen.
3. Du musst mit der Wahrheit rausrücken.
4. Spiel nicht den Dummen!

TEST 3: Essen vorschlagen

Cómete un pescado.

1. pescado
2. chuleta
3. paella
4. hamburguesa
5. bocadillo

El Bigote está comiendo un *cazón en adobe.* Uschi ha pedido un *pulpo a la gallega.* Ninguno de los dos come con muchas ganas.	*eingelegter Katzenhai; galicischer Tintenfisch*
B: Así que te quieres separar de mí.	
U: *No es que quiera separarme.* Yo te amé, pero me he dado cuenta de que no puedes *dejar* a tu hija.	*nicht, dass ich mich trennen wollte* *aufgeben*
No contesta este hombre tan fuerte. No está *acostumbrado* a perder las *luchas del corazón.* Mira a Uschi, a esta rubia tan atractiva que *podía haber cambiado* su vida. *No tiene nada que ver* con estas gitanas de Málaga. Se da cuenta de que *está muriendo un sueño. Se ve a si mismo* dentro de diez años, con la misma esposa, el mismo suegro, el mismo piso, el mismo tablao ...	*gewohnt* *Kämpfe des Herzens* *hätte ändern können; sie hat nichts zu tun; ein Traum stirbt; sieht sich selbst*
El Bigote empieza *llorar.*	*weinen*
B: *Me cago en* ese curso de inglés.	*ich scheiß auf*
U: No seas *injusto*, el inglés siempre sirve.	*ungerecht*

TEST 4: Pärchen bilden

1.	no lo mates	**a**	comunícate con ella
2.	sepárate	**b**	dilo
3.	llámala	**c**	no sirve para nada
4.	es malo	**d**	corta con él
5.	desembucha	**e**	déjalo vivir

TEST 5: Seien Sie mal richtig ordinär

Me cago en el curso de inglés.

1. der Englischkurs
2. mein Chef
3. auf deine Eltern
4. meine Vertrag
5. die Zukunft
6. deine Scheißfreunde

28 Der Tag der

28 El día de la salida

Ha llegado el último día para Uschi, a *mediodía* ya tiene que estar en el aeropuerto. Ayer se despidió de El Bigote, Hace dos días Jaime volvió a Suiza y ahora *le toca a ella* regresar al sitio *al cual* pertenece. Como de costumbre desayuna tranquilamente. Los españoles, sobre todo los andaluces, casi no desayunan. En el camino al trabajo suelen – *como mucho* – tomar un café con leche y un *pastelito.* Lo hacen de pie y a los cinco minutos siguen con sus *quehaceres.*
Uschi se despide del camarero „a mí no me ayuda nadie“ y pide la cuenta al recepcionista del hotel.

U: Pago con tarjeta.
R: Uyy, no sé si funciona la máquina.
U: Hace diez días pagué con tarjeta. Y ahora mismo no llevo tanto *en efectivo.*
R: Vamos a ver. Ahhh, *menos mal,* ahora funciona.
U: ¿Me podría llamar un taxi?, por favor.

Mittag
sie ist dran; zu welchem
wenn's hoch kommt; Teigteilchen
Tagwerk
in bar
halb so schlimm

AUF EINEN BLICK

Falsche Freunde

Ähnliche Wörter haben manchmal in anderen Sprachen sehr unterschiedliche Bedeutungen.

spanisch	**deutsch** (nicht etwa ...)
bagaje	Gepäck (≠ Bagage)
éxito	Erfolg (≠ medizinischer Tod)
firma	Unterschrift (≠ Unternehmen)
secreto	Geheimnis (≠ Drüsenabsonderung)
tiempo	Zeit / Wetter (≠ Geschwindigkeit)
último	Letzter (≠ Monatsletzter)

Abreise

En la puerta del hotel Uschi está esperando al taxi. Sabe que los taxistas tienen *dificultades* en encontrar este *callejón.* Entonces aprovecha el tiempo para despedirse de su amiga Carmen. Saca su móvil y la llama.	*Schwierigkeiten; Gässchen*
U: Carmen, ¿cuándo nos vemos?	
C: Antes de *Navidad* no puedo subir a Alemania.	*Weihnachten*
U: ¿Pero vas a venir?	
C: *Prometido.* ¿Qué tal la despedida del gitanillo?	*versprochen*
U: *Se lo dije claramente.* Entonces empezó ... no lo vas a creer ...	*ich hab's ihm klar gesagt*
C: Uyyy, por Dios, ya conozco a los andaluces.	
U: ¿Qué?	
C: Pues seguro que empezó a llorar.	
U: ¡¿Cómo lo sabes?!	
C: Los andaluces son así. Pero *no te fíes*, es todo teatro.	*trau (dem) nicht*
U: Para, para, allí viene mi taxi. Ayy, *me suena la cara* del taxista. *Besotes* ... nos hablamos.	*kommt mir bekannt vor; Gesicht; Küsschen*

TEST 1: Wer ist womit dran, was zu tun?

Le toca a ella trabajar.

1. trabajar /ella
2. llamar / yo
3. traer el café / tú
4. hacer la compra / nosotros
5. preparar la comida / él
6. pagar la comida / ellos
7. tocar una toccata / tú

El taxi para en le puerta del Hotel Mil Estrellas. Se abre *automáticamente* el maletero y el taxista *queda sentado.* A Uschi le toca *guardar su maleta.* Se acuerda de que el taxista es el mismo del otro día cuando la *trajo* del aeropuerto: „El imbécil". Uschi no es tonta y sabe como *vengarse:* se sube al taxi sin cerrar el maletero. Al taxista le sube la *presión de la sangre,* pero *no tiene otro remedio* – tiene que bajar para cerrar el maletero. Cuando vuelve, Uschi se hace la sueca.

automatisch; bleibt sitzen; ihren Koffer verstauen
brachte
sich rächen
Blutdruck
ihm bleibt nichts anderes übrig

U: Ah, perdone, pensaba que tiene *cierre automático.*

automatisches Schloss

En el viaje *se calman los ánimos* y taxista y clienta empiezan a hablar.

die Gemüter kühlen ab

T: ¿No te había contado de la americana que se parece a ti? Ella persigue a un torero.

U: Sí, sí, y usted siempre la tiene que llevar.

T: *Exactamente.* Bueno, el otro día *me la encuentro* en un bar. *Se hartó* del torero. Si quieres, te lo presento ...

genau; treffe ich sie; sie ist .... leid geworden

TEST 2: Üben Sie die Übersetzung

1. Wenn ich den Taxifahrer sehe, dann erhöht sich mein Blutdruck.
2. Gestern habe ich mich von ihm verabschiedet.
3. Ich muss warten, mir bleibt nichts anderes übrig.
4. Uschi, bist du dein Zigeunerchen leid geworden?

TEST 3: Was steckt dahinter?

1. las acitividades del día o: los __________
2. poner las cosas en su sitio o: _______las
3. pagar con dinero o: __ __________
4. sitio en el coche para el equipaje: el ________

No, Uschi no quería que el taxista *le presentara* a un torero. „Zapatero a tus zapatos“ dice el *refrán* y como la mayoría de los refranes tiene algo de *sabiduría.*	*sie ... vorstellen würde* *Sprichwort* *Weisheit*
En el aeropuerto Uschi no sabe a dónde tiene que ir. Pregunta a la chica de información.	
I: ¿Con qué compañía viajas?	
U: Me parece que es con Iberia. A las trece horas sale a Düsseldorf.	
I: Pues tienes que *facturar tu equipaje en el mostrador* 37.	*Gepäck am Schalter aufgeben*
El resto es *rutina.* Faltan 50 minutos para que *despegue* el avión. Uschi mira las tiendas – todo es carísimo – y se compra una revista. Toma asiento cerca de la puerta por la cual se sube al avión y *ojea* su revista cuando escucha una voz *ronca:* „Hola, mi amor, voy contigo“.	*Routine* *abhebt* *blättert* *heiser*
U: ¡Bigote! ¡Estás loco!	

TEST 4: Was gehört zusammen?

1. ¿Estás enamorada de otro?
2. ¿Puedo pagar con tarjeta?
3. ¿Te gusta leer?
4. Hola amor, voy contigo a Alemania.
5. ¿Cuándo volvemos a vernos?

a ¿Dónde vas a vivir allá?
b En Navidad seguramente.
c Aquí sólo cobramos en efectivo.
d Te juro que sólo te quiero a ti.
e Depende del libro.

Schlüssel zu den Übungen
Clave para los ejercicios

LEKTION 1

TEST 1: Lassen Sie das Flugzeug landen

Bitte Aussprache beachten: *avión* wie abionn, *rr* doppelt gerollt, *za, ce* und *ci* gelispelt wie mit englischem „th“, bei *a-eropu-erto* Vokale getrennt sprechen.

1. El avión ate**rr**iza en el aeropuerto interna**c**ional de Málaga.
2. El avión ate**rr**iza en el aeropuerto interna**c**ional de Nueva York.
3. El avión ate**rr**iza en el aeropuerto interna**c**ional de Barcelona.
4. El avión ate**rr**iza en el aeropuerto interna**c**ional de Santiago de Compostela.
5. El avión ate**rr**iza en el aeropuerto interna**c**ional de Buenos Aires.
6. El avión ate**rr**iza en el aeropuerto interna**c**ional de Santiago de Cuba.
7. El avión ate**rr**iza en el aeropuerto interna**c**ional de Valen**c**ia.
8. El avión ate**rr**iza en el aeropuerto interna**c**ional de Santiago de Chile.

(Da haben wir sie zusammen, die wichtigsten Santiagos. Dahinter verbirgt sich der Apostel Jakobus, der heilige Jakobus, der Santo Jacko, der Santiago. Linguisten mögen uns diese verkürzte Herleitung verzeihen.)

TEST 2: Wer alles nicht da ist

1. El Bigote no está. (Eigennamen werden groß geschrieben.)
2. El presidente no está.
3. El jefe no está.
4. El doctor no está.
5. La amiga no está.
6. La presidenta no está.

7. La jefa no está.
8. La doctora no está.

(Den Satz kann man auch am Telefon gebrauchen, wenn der Anrufer nach jemand fragt, der nicht da sein will.)

TEST 3: Pärchenbildung

1. pasajero + **4.** equipaje
2. aduanero + **7.** aduana
3. avión + **5.** aeropuerto
6. Uschi + **8.** El Bigote

(Bei 6. + 8. findet die Pärchenbildung auch im nicht grammatikalischen Sinne statt. Mehr dazu im Lauf der Story.)

TEST 4: Durchnudeln

1. baj**o**, baj**as**, baj**a**, baj**amos**, baj**áis**, baj**an**
2. aterriz**o**, aterriz**as**, aterriz**a**, aterriz**amos**, aterriz**áis**, aterriz**an**
3. coment**o**, coment**as**, coment**a**, coment**amos**, coment**áis**, coment**an**
4. busc**o**, busc**as**, busc**a**, busc**amos**, busc**áis**, busc**an**
5. mand**o**, mand**as**, mand**a**, mand**amos**, mand**áis**, mand**an**
6. reserv**o**, reserv**as**, reserv**a**, reserv**amos**, reserv**áis**, reserv**an**
7. llam**o**, llam**as**, llam**a**, llam**amos**, llam**áis**, llam**an**

TEST 5: So sieht der Junge aus

1. Tiene aspecto de gitano.
2. Tiene aspecto de alemán.
3. Tiene aspecto de español.
4. Tiene aspecto de americano.
5. Tiene aspecto de artista.
6. Tiene aspecto de músico.
7. Tiene aspecto de profesor.
8. Tiene aspecto de tonto. (Nicht gerade schmeichelhaft: *tonto* – dumm)

TEST 6: Wie komme ich nach / zu ...

1. ¿Cómo llego al Hotel Mil Estrellas?
2. ¿Cómo llego al Hotel Hilton?

3. ¿Cómo llego al centro de Málaga?
4. ¿Cómo llego al hospital Santa Teresa?
5. ¿Cómo llego a Sevilla?
6. ¿Cómo llego a Granada?
7. ¿Cómo llego a Madrid?
8. ¿Cómo llego a San Sebastián?

TEST 7: Ich muss nach/zu ... fahren

Tener + que + Verb. Es muss immer ein Verb stehen, anders als im Deutschen. Also bitte nie nur „tengo que" sagen.

1. Tengo que ir a Torremolinos.
2. Tengo que ir a Estepona.
3. Tengo que ir a Fuengirola.
4. Tengo que ir a Marbella.
   Bei Städtenamen steht kein Artikel, sonst muss er aber stehen:
5. Tengo que ir al Hotel Miramar. (Sie erinnern sich: *a* + *el* verschmelzen zu *al*)
6. Tengo que ir al centro de Cádiz.
7. Tengo que ir al banco.
8. Tengo que ir al puerto.

TEST 8: Sagen Sie, was Sie nicht können

1. No puedo ir a casa. (gehen + fahren – *ir* bedeutet beides)
2. No puedo tomar un taxi.
3. No puedo bajar del avión.
4. No puedo ver a El Bigote.
5. No puedo venir mañana.
6. No puedo aterrizar en Toledo.
   (Logisch, da gibt es nämlich keinen internationalen Flughafen.)
7. No puedo llamar por teléfono.

LEKTION 2

TEST 1: Mir hat man gesagt, dass ...

1. A mí me han dicho que no cuesta más de 15.
2. A mí me han dicho que está muy cerca.
3. A mí me han dicho que sólo son 5 minutos.
4. A mí me han dicho que hay un restaurante por aquí.
5. A mí me han dicho que no hay buses al centro.
6. A mí me han dicho que todo el mundo baila flamenco en Sevilla.

TEST 2: Ersetzen durch *lo* oder *la*

1. Si **la** tengo.
2. Si **lo** tengo.
3. Si **lo** tengo.
4. Si **la** tengo.
5. Si **lo** tengo.
6. Si **la** tengo.
7. Si **lo** tengo.

TEST 3: Vergangenheit in der ersten Person

1. he conocido
2. he tenido
3. he bailado
4. he ido
5. he vuelto (unregelmäßig!)
6. he llamado
7. he podido
8. he ayudado
9. he reservado
10. he sido
11. he llenado
12. he subido

TEST 4: Das Gleiche, aber reflexiv

1. me he instalado
2. me he enamorado
3. me he llamado (macht wenig Sinn, es sei denn, eine/r wechselt seinen/ihren Namen)
4. me he ido (aufgebrochen, weggegangen)

5. me he vuelto loco
6. me he casado
7. me he quedado
8. me he dirigido a la salida

TEST 5: Was Uschi alles nicht kann

1. Uschi no puede salir de su habitación.
2. Uschi no puede ir a comer.
3. Uschi no puede llamar a El Bigote.
4. Uschi no puede dormir en una cama pequeña.
5. Uschi no puede tomar el autobús.
6. Uschi no puede bailar flamenco.
7. Uschi no puede leer el papelito.
   (Papierchen, Zettel: Verkleinerungsform *-ito*)

TEST 6: Imperativ ohne *me*

1. ¡llama por teléfono!
2. ¡reserva una habitación!
3. ¡canta una canción!
4. ¡fuma un porro! (*porro* – joint, es handelt sich hier um eine unangebrachte Aufforderung zum Drogenmissbrauch)
5. ¡toma un taxi!
6. ¡paga con dólares!
7. ¡busca en la cocina!

TEST 7: Imperativ mit *me*

1. ¡dame tu número de teléfono!
2. ¡ayúdame! (Damit die Betonung auf dem Stamm des Verbs erhalten bleibt, muss bei mehrsilbigen Imperativformen + Pronomen ein Akzent auf die betonte Silbe. Oder: Wird die drittletzte Silbe betont, dann bekommt sie einen Akzent verpasst.)
3. ¡enamórate de un torero!
4. ¡cásate con un millonario!
5. ¡quédate otro día más!
6. ¡mándame una carta de amor!

LEKTION 3

TEST 1: Ich hole dich ab um elf

1. Te vengo a buscar a las once.
2. Te vengo a buscar a la una.
3. Te vengo a buscar a las tres.
4. Te vengo a buscar a las ocho.
5. Te vengo a buscar a las seis y media.
6. Te vengo a buscar a las cinco y media.
7. Te vengo a buscar a las nueve y cuarto.
8. Te vengo a buscar a las siete y cuarto.

TEST 2: Staatsangehörigkeit

1. Carmen tiene pasaporte español, es española.
2. Uschi tiene pasaporte alemán, es alemana.
3. Jacqueline tiene pasaporte francés, es francesa.
4. Gina tiene pasaporte italiano, es italiana.
5. Hokiko tiene pasaporte japonés, es japonesa.
6. Pam tiene pasaporte americano, es americana.
7. Brit tiene pasaporte sueco, es sueca.
8. María tiene pasaporte chileno, es chilena.

Achten Sie auf den Akzent: *alemán / francés / japonés, aber alemana / francesa / japonesa.* Warum das so ist? Gute Frage. Betonung im Spanischen: Normalerweise ist die vorletzte Silbe betont, wenn sie auf Vokal (*a, e, i, o, u*) oder *n* oder *s* endet. *Alemán / francés / japonés* soll aber trotz *n* beziehungsweise *s* auf der letzten Silbe betont sein, also muss ein Akzent drauf. Der fällt wieder weg, wenn in der weiblichen Form die Silbe auf *a* endet. Wer das nicht verstanden hat, der hat zu schnell gelesen.

TEST 3: Hast du den ... gesehen?

1. ¿Has visto al gitano?
2. ¿Has visto al francés?
3. ¿Has visto al recepcionista?
4. ¿Has visto al director?
5. ¿Has visto a la doctora?

6. ¿Has visto a la jefa?
7. ¿Has visto a la señorita?
8. ¿Has visto a la enfermera?

TEST 4: ¿Qué hora es?

1. Son las tres y media.
2. Son las siete y cuarto.
3. Es la una y media.
4. Son las siete menos cuarto.
5. Son las cuatro en punto.
6. Son las doce y cuarto.
7. Son las nueve menos cuarto.
8. Son las diez y cuarto.
9. Es media noche. (Einzahl auch bei: es ist ein Uhr – *es la una*, es ist Mittag – *es medio día*)

TEST 5: Was Uschi alles bemerkt

1. Se da cuenta de que los programas no son mejores.
2. Se da cuenta de que El Bigote todavía no ha llamado.
3. Se da cuenta de que el taxista no es muy simpático. (Gegenteil von *simpático* ist „antipático")
4. Se da cuenta de que el teléfono no suena.
5. Se da cuenta de que Carmen no quiere a los gitanos.
6. Se da cuenta de que El Bigote no es muy puntual.

TEST 6: Como si fuera – als ob ich ... wäre

1. Me mira como si fuera un ladrón.
2. Me mira como si fuera el presidente.
3. Me mira como si fuera el rey Juan Carlos.
4. Me mira como si fuera la reina de Inglaterra.
5. Me mira como si fuera un millonario.
6. Me mira como si fuera un policía.
7. Me mira como si fuera un extraterrestre. (Außerirdischer)

TEST 7: Sagen Sie's kürzer

1. Uschi lo abraza.
2. Carlos lo llama.
3. Nosotros lo conocemos.
4. Usted lo visita.
5. Tú lo esperas.
6. Julieta lo ama.

LEKTION 4

TEST 1: Schreckliche Kost im Hotel

1. Es horroroso el café que te dan en el hotel.
2. Es horroroso el desayuno que te dan en el hotel.
3. Es horrorosa (¡!) la tostada que te dan en el hotel. (la tostada ist weiblich, also wird horroroso angepasst ➤ horrorosa!)
4. Es horroroso el zumo de naranja que te dan en el hotel.
5. Es horrorosa la mermelada que te dan en el hotel.
6. Es horroroso el té que te dan en el hotel.
7. Es horrorosa la leche que te dan en el hotel.
8. Es horroroso el croisán que te dan en el hotel.

TEST 2: Spazieren mit der Liebsten

1. Dan un paseo por el centro.
2. Dan un paseo por el parque.
3. Dan un paseo por las calles de París.
4. Dan un paseo por el centro comercial.
5. Dan un paseo por la playa.
6. Dan un paseo por el río.
7. Dan un paseo por el barrio de la catedral.

TEST 3: Was gerade passiert

Zur Erinnnerung: Gerundio	**-ando/-iendo**	
Verben auf **-ar**	paso ➤	estoy pas**ando**
Verben auf **-er**	meto ➤	estoy met**iendo**
Verben auf **-ir**	discuto ➤	estoy discut**iendo**

Wozu das gut ist? Es wird dann gebraucht, wenn etwas gerade, in diesem Moment, passiert.

1. En este momento El Bigote está hablando por teléfono.
2. En este momento Antonio está trabajando en la computadora.
3. En este momento Enrique está tomando café con coñac.
4. En este momento Julio está cantando una canción fea.
   (Es handelt sich hier nicht um einen bestimmten Julio.)
5. En este momento las chicas están poniendo la mesa.
   (*poner la mesa* – den Tisch decken)
6. En este momento el mafioso está tomando el avión para Nápoles.
   (= Neapel, das ein paar Jahrhunderte lang spanisch war.)

TEST 4: So wird Uschi

1. Uschi se pone celosa.
2. Uschi se pone tonta.
3. Uschi se pone curiosa.
4. Uschi se pone contenta.
5. Uschi se pone generosa.
   (großzügig, das heißt, sie spendiert zum Beispiel eine Runde)
6. Uschi se pone fresca. (frisch, hier: frech)

TEST 5: Weisen Sie zu

Zur Erinnerung:
Este hombre – **estos** hombres
Esta mujer – **estas** mujeres
Das Demonstrativpronomen (diese, dieser) funktioniert wie ein Adjektiv. Es verändert sich, je nachdem, ob männlich, weiblich, Einzahl, Mehrzahl. Gute Nachricht: „sächlich" gibt es praktisch nicht auf Spanisch.

1. Esta tostada es para ti.
2. Este vino es para mí.
3. Este coche es para mi padre.
4. Esta moda es para mi abuela.
5. Estos zapatos son para tu amiga Carmen.
6. Estas sardinas son para usted.
7. Estas tiendas son para gente con dinero.
8. Estos helados son para los niños.

TEST 6: Formulieren Sie Ihre Autobiographie

1. Tenía 24 años, me llamaba Conny y era empleada.
2. Leía el periódico, tomaba clases de francés y dormía mucho. (*dormir* ist unregelmäßig im Präsens, im Imperfekt aber wieder regelmäßig)
3. Cantaba cada día, tomaba champán seco y no pagaba impuestos.
4. Salía por la mañana, trabajaba como un loco y volvía muy tarde a casa.

LEKTION 5

TEST 1: Sich aushändigen lassen

1. La llave, por favor.
2. El número de teléfono, por favor.
3. Mil euros, por favor.
4. Dos entradas para el cine, por favor.
5. Las llaves del coche, por favor.
6. Una chuleta de cerdo, por favor.

TEST 2: Nach dem Spaziergang

Was davor war, wird mit „danach" ausgedrückt.

1. Después de dar un paseo por el centro de Málaga. (vorvorletzte Silbe betonen)
2. Después de dar un paseo por el centro de Barcelona. (*c* wie englisches „th" lispeln)
3. Después de dar un paseo por el centro de Valencia. (*v* fast wie deutsches „b" sprechen, *c* lispeln)
4. Después de dar un paseo por el centro de Sevilla. (*ll* wie deutsches „j")
5. Después de dar un paseo por el centro de Zamora. (*z* wie englisches „th" lispeln)
6. Después de dar un paseo por el centro de Madrid („Madrith" sagen die madrileños, sie lispeln also das „d" am Ende. Genauso: Valladolid – „Bayadolith")

TEST 3: Was beide tun

1. Los dos dan un paseo por la playa.
2. Los dos tienen un niño.
3. Los dos son de Córdoba. (Achtung: *y* vor Wörtern mit *i* wird zu *e* – falsch: „Andrés y Inés“, richtig: Andrés **e** Inés, falsch: „nacional y internacional“, richtig: nacional **e** internacional)
4. Los dos no toman vino. (tomar heißt also 1. nehmen und 2. trinken)
5. Los dos son venezolanos. (Aussprache: benetholanos – *v* wird fast wie „b“ gesprochen und *z* wird gelispelt)
6. Los dos fuman mucho.

TEST 4: Frei übersetzen

1. El recepcionista dice que El Bigote no está alojado en el hotel.
2. Se pone roja como un tomate. („sie“ muss nicht übersetzt werden, es geht aus dem roj**a** hervor, dass es sich um eine Frau handelt.)
3. Amor, no es mi culpa oder: Amor, ¿qué culpa tengo yo?

TEST 5: Finden Sie die richtige Ordnungszahl

Zur Erinnerung:

1. primer	**6.** sexto
2. segundo	**7.** séptimo
3. tercer	**8.** octavo
4. cuarto	**9.** noveno
5. quinto	**10.** décimo

Achtung, je nach Hauptwort, das folgt, heißt es: el segundo vuelo, la segunda visita

Achtung-Achtung: primero/tercero vor dem männlichen Hauptwort werden verkürzt zu primer/tercer: el primer amor – die erste Liebe / el tercer coche – das dritte Auto

La novena de Beethoven – die Schlauen haben es geahnt: die Neunte von Beethoven

1. el primer aeropuerto de Europa
2. la segunda provincia de Colombia
3. la primera dama de Francia
4. la tercera calle a la derecha
5. el segundo banco de España
6. el tercer tren de Bilbao

LEKTION 6

TEST 1: Was der Kellner nicht mag

Achtung: Je nachdem, ob das, was gefällt (oder nicht gefällt) in der Einzahl oder in der Mehrzahl steht, muss es heißen gust**a** oder gust**an**.

1. Parece que no le gustan las mujeres solas.
2. Parece que no le gusta la Fórmula Uno.
3. Parece que no le gustan los huevos cocidos.
4. Parece que no le gusta este libro.
5. Parece que no le gustan las turistas alemanas.
6. Parece que no le gusta trabajar.

TEST 2: In der Nähe von ...

1. una mesa cerca de la ventana
2. un hotel cerca de la catedral
3. una playa cerca del centro
4. un restaurante cerca de la calle Larios
5. un bar cerca del hotel

TEST 3: Was fehlt?

1. A vosotros os gusta Andalucía.
2. A él le gustan las chicas alemanas.
3. A nosotros nos gusta el vino tinto.
4. A ti te gusta un huevo cocido por la mañana.
5. A ellas no les gustan las chuletas de cerdo.
6. A mi me gusta dar un paseo por el centro.
7. A ella le gustan las tiendas elegantes.
8. A ellos no les gusta esperar.

TEST 4: Seien Sie menschlich, halbieren Sie Ihre Kritik

1. un croisán medio seco
2. un film medio aburrido
3. un hotel medio sucio
4. un tomate medio verde
5. un artista medio malo
6. un camarero medio lento

TEST 5: Die grauen Zellen lassen nach

1. Ayyy, se me ha olvidado el café.
2. Ayyy, se me ha olvidado la tostada.
3. Ayyy, se me ha olvidado la chuleta.
4. Ayyy, se me ha olvidado el vino.
5. Ayyy, se me ha olvidado la cerveza.
6. Ayyy, se me ha olvidado el pan.
7. Ayyy, se me ha olvidado el periódico.
8. Ayyy, se me ha olvidado el amor.

TEST 6: Die richtige Form von *pedir*

1. Nosotros pedimos la cuenta.
2. Antonio pide un café con leche.
3. Tú pides mi número de teléfono.
4. Usted pide un minuto.
5. Vosotros pedís un día libre. (bittet um einen Tag frei)
6. Yo pido dos entradas para el cine.
7. Las chicas piden coca cola.
8. Los chicos piden coñac.
   (Es könnte auch umgekehrt sein: die chicas den Alk)

LEKTION 7

TEST 1: Was die Mühe lohnt

1. Merece la pena comprar en el mercadillo.
2. Merece la pena desayunar en el hotel.
3. Merece la pena leer este periódico.
4. Merece la pena pedir un café con coñac.
5. Merece la pena ser amable.
6. Merece la pena subir en ascensor.
7. Merece la pena tomar el avión.
8. Merece la pena conocer Santiago de Chile.
9. Merece la pena dar un paseo por el centro.
10. Merece la pena tener amigos importantes.

TEST 2: Alle – je nachdem *todos los* oder *todas las*

1. todos los alemanes
2. todos los libros
3. todas las iglesias
4. todas las calles
5. todos los semáforos
6. todos los días (Achtung: *el día* ist männlich!)

TEST 3: Vergleichen

1. Antonio Banderas es más delgado que Maradona.
2. El rey Juan Carlos es más agradable que el presidente Zapatero.
3. Jorge es más feliz que Gustavo.
4. Gustavo es más triste que Jorge.
5. El recepcionista es más interesante que el camarero.
6. Shakira es más bonita que Madonna.

TEST 4: Erste-zweite-dritte – was fehlt?

1. la novena sinfonía de Beethoven
2. el sexto sentido
3. la segunda guerra mundial
4. el primer hombre en la luna
5. el cuarto disco de Mano Chau
6. la primera dama del estado

TEST 5: Fragen Sie, ob Sie das können oder dürfen

1. ¿Puedo probarme el vestido?
2. ¿Puedo ver las fotos?
3. ¿Puedo pagar con tarjeta de crédito?
4. ¿Puedo llamarte mañana?
5. ¿Puedo fumar aquí?
6. ¿Puedo subir a tu habitación contigo?
   (das ist nicht gerade die originellste Verführung)

TEST 6: Internationaler Superlativ *super*

1. Mi vestido nuevo es super-sexy.
2. Los precios son super-altos. (das *s* nicht vergessen wegen Mehrzahl)

3. El CD nuevo de Santana es super-bueno.
4. Nuestro hotel en Tenerife es super-grande. (ein echter Betten-Bunker)
5. El vuelo con Iberia es super-rápido. (Ehrlich gesagt, andere fliegen auch nicht langsamer.)
6. La última película de Almodóvar es super-interesante.
(Diese Superlative sind nicht gerade super-super, aber „mega" und „giga" sind auch bereits im Vormarsch.)

LEKTION 8

TEST 1: Die richtige Form

1. Voy a llamarte mañana.
2. Vamos a comer pescado.
3. ¿Vas a venir esta tarde?
4. Le va a gustar el libro.
5. No va a llamarla hoy.
6. ¿Por qué no vais a tomar un aperitivo?

TEST 2: Sanfter Befehl

1. ¿Por qué no tomas un taxi?
2. ¿Por qué no comes en casa?
3. ¿Por qué no llamas al presidente?
4. ¿Por qué no compras en el mercadillo?
5. ¿Por qué no compras un Ferrari?
6. ¿Por qué no me das un beso?
(Achtung: *me* wird vor das Verb gestellt)

TEST 3: Vorurteile einüben

1. Son todos gitanos allí y te venden ropa robada.
2. Son todos alcohólicos allí y te toman todo el vino.
3. Son todos bailadores allí y te quieren besar.
4. Son todos vegetarianos allí y te sirven tomates viejos.
5. Son todos yugoslavos allí y te quieren robar.
6. Son todas (¡) putas allí y te crean problemas.

TEST 4: Komplimente machen

1. Hombre, eres un racista de primera.
2. Hombre, eres un nacionalista de primera.
3. Hombre, eres un dentista de primera.
4. Hombre, eres un artista de primera.
5. Hombre, eres un pianista de primera.
6. Hombre, eres un machista de primera.
7. Hombre, eres un sadomasoquista de primera.

TEST 5: Befehlen Sie unsanft

1. contéstame
2. llámame
3. pregúntame
4. ayúdame
5. espérame
6. háblame
7. cántame una canción

(*me* wird angehängt, also wird die drittletzte Silbe betont, also muss ein Akzent drauf.)

TEST 6: Was gehört zusammen?

1. champán + **9.** whisky
2. preguntar + **7.** contestar
3. comprar + **8.** vender
4. hombre + **6.** mujer
5. sal + **10.** pimienta

TEST 7: Fragen Sie sich das indirekt

1. Me pregunto si todos los machistas son cobardes. / Me pregunto si son cobardes todos los machistas.
2. Me pregunto si es mucho dinero para un vestido.
3. Me pregunto si es buena la película nueva de Almodóvar. / Me pregunto si la película nueva de Almodóvar es buena.
4. Me pregunto si son tontos los taxistas. / Me pregunto si los taxistas son tontos.

5. Me pregunto si viene Antonia mañana. / Me pregunto si Antonia viene mañana. / Me pregunto si mañana viene Antonia.
6. Me pregunto si puedo fumar aquí. / Me pregunto si aquí puedo fumar.

LEKTION 9

TEST 1: Was nicht mehr ist

1. Ya no nos queremos. (ich war auch schon beim Scheidungsanwalt)
2. Ya no tenemos dinero. (alles ausgegeben)
3. Ya no tomamos vino. (sind clean geworden)
4. Ya no vamos a Portugal. (zum Beispiel in den Ferien)
5. Ya no nos hace falta una casa. (wir haben eines gefunden)
6. Ya no robamos y ya no somos malos. (spricht der Dieb)

TEST 2: Sagen Sie's anders

1. Me hace falta un trabajo, ya no tengo dinero.
2. ¡Te hace falta un contestador automático!
3. ¿Os hace falta ayuda?
4. Señora, voy a comprar, ¿necesita algo? (Brauchen Sie [irgend]etwas?)
5. Necesitamos más tiempo.
6. Uschi y El Bigote necesitan una terapia.
   (Wer sonst soll das Chaos zwischen ihnen ordnen?)

TEST 3: Übersetzen Sie

1. ¿Te llamo mañana?
2. ¿Me pongo la chaqueta? (Sie erinnern sich: Uschi se ha puesto el vestido – sie hat sich das Kleid angezogen – von *poner*)
3. ¿Te espero? (Kurz und einfach, oder?)
4. ¿Canto una canción?
5. ¿Te doy mi número de teléfono?

TEST 4: Die richtige Form

Zur Erinnerung: Unregelmäßiges Verb *remover*

remuevo	removemos
remueves	removéis
remueve	remueven

Das Schema ist bekannt: Stammbetonte Formen ändern in der 1.–3. Einzahl + 3. Mehrzahl den Stammvokal **o** in **ue**.
Genauso: **encontrar** – finden / *contar* – (er-)zählen / *probar* – (an-)probieren / *volver* – zurückkommen, umdrehen / *sonar* – klingeln etc.

1. ¿Puedo probarme estos zapatos?
2. No vuelvo antes de la once de la noche.
3. No sé que pasa, no suena el teléfono.
4. Enrique siempre cuenta las historias más fantásticas.
5. No encuentro las llaves, ¿no sabes donde están?

TEST 5: Abmildern oder aufwerten

1. Ha sido una comida bastante desagradable.
2. Ricardo es una persona bastante curiosa.
3. No, Dolores no es tonta, es una chica bastante inteligente.
4. El Bigote es un tipo bastante cobarde.
5. Este tren es bastante rápido.
6. Mi Ferrari es bastante nuevo, sólo tiene 10 meses. (*sólo* – nur, aber *solo/sola* – alleine. Der kleine Akzent entscheidet über die Bedeutung.)

TEST 6: Den vornehmen Kellner spielen

1. ¿Los señores pagan juntos? (alle würden zusammenlegen; wenn einer aber für alle zahlt, heißt es: *¿el señor paga todo junto?* oder *¿la señora paga todo junto?*)
2. ¿Los señores toman un aperitvo?
3. ¿Los señores quieren patatas fritas?
4. ¿Los señores quieren esperar todavía?
5. ¿Los señores prefieren un vino tinto?
6. ¿Los señores pagan con tarjeta?

LEKTION 10

TEST 1: Versuchen Sie es mit dem Passiv

1. Se fuman muchos cigarrillos.
2. Se pagan las entradas.
3. Se sirven los digestivos. (servir ➤ sirven)
4. Se roba la ropa. (Achtung: Einzahl)

5. Se dan muchos consejos.
(Überall auf der Welt werden gute Ratschläge erteilt.)
6. Se lee el libro en un día. (Das Buch liest sich an einem Tage.)

TEST 2: Sie haben dazu keine Lust

1. No tengo ganas de pagar la entrada.
2. No tengo ganas de ir al tablao.
3. No tengo ganas de tomar champán.
4. No tengo ganas de comer en un restaurante elegante.
5. No tengo ganas de comprar un coche nuevo.
6. No tengo ganas de ver esta película.

TEST 3: Sie sind es leid

1. Estoy harto de esperar en la puerta del tablao.
2. Estoy harto de comprar ropa mala.
3. Estoy harto de quedarme (¡!) en casa en las vacaciones.
(in den Ferien zu Hause bleiben)
4. Estoy harto de vivir sin amiga.
(wie wäre es mit einer Heiratsvermittlung?)
5. Estoy harto de ver todos los días a ese imbécil.
6. Estoy harto de tener que trabajar tanto.

TEST 4: Passiv bilden

1. Estamos invitados para el concierto
2. Está arreglado el problema.
3. Está calentada la comida.
4. Está comprada la verdura.
5. Está encontrada la solución.
6. Está gastado el dinero.

TEST 5: Wie sieht Ihr Liebster/Ihre Liebste aus?

1. Pareces un gaucho argentino.
2. Pareces un recepcionista de un hotel sin estrella.
3. Pareces un vendedor de mercadillo.
4. Pareces un croisán de anteayer.
5. Pareces una salchicha de Frankfurt.
6. Pareces un caracól sin memoria.

TEST 6: Auch nicht ...

1. Yo tampoco tengo dinero.
2. Yo tampoco voy al mercadillo.
3. Yo tampoco pago con tarjeta.
4. Yo tampoco quiero un Mercedes Benz.
5. Tampoco me llama.
6. Tampoco me gusta este vino.

TEST 7: Schimpfen Sie, als wären Sie der Chef

1. Te he dicho mil veces que no quiero chicas en tu camerino.
2. Te he dicho mil veces que no quiero cigarillos en el baño.
3. Te he dicho mil veces que no quiero chocolate en el sofá.
4. Te he dicho mil veces que no quiero vinagre en la ensalada.
5. Te he dicho mil veces que no quiero visitas a la hora de la siesta.
6. Te he dicho mil veces que no quiero ropa del mercadillo.

TEST 8: Pärchenbildung

1. camerino + **11.** artista
2. jefe + **10.** interrumpir
3. camarero + **12.** servir bebidas
4. espejo + **9.** maquillarse
5. sangría + **8.** vasos de plástico
6. bailadores + **7.** actuación (6. und 11. könnten auch vertauscht werden.)

LEKTION 11

TEST 1: Sätze bilden nach dem Muster

1. Uschi ve a su amor bailando.
2. Uschi ve al camarero tomando vino.
3. Uschi ve al turista cantando flamenco.
4. Uschi ve a la chica maquillándose.
5. Uschi ve a la camarera comiendo (¡!) una hamburguesa.
6. Uschi ve al recepcionista fumando un cigarrillo.
7. Uschi ve al taxista llegando.

TEST 2: „Hättest du?“ oder „Könntest du?“

Zur Erinnerung:
tener – tendría, tendrías, tendría, tendríamos, tendríais, tendrían – ich hätte, du hättest ...
poder – podría, podrías, podría, podríamos, podríais, podrían – ich könnte, du könntest ...
Fragen werden damit höflicher formuliert.

1. ¿Tendrías un momento para mí?
2. ¿Podrías ayudarme mañana?
3. ¿Tendrías cinco euros?
4. ¿Tendrías un café para mí?
5. ¿Podrías venir otra vez?
6. ¿Podrías preguntar a tu padre?
7. ¿Tendrías la hora?
   (Frage nach der Uhrzeit = Könnten Sie mir sagen, wie viel Uhr es ist?)

TEST 3: Vergangenheit ausdrücken

1. Los turistas han vuelto a sus autobuses.
2. Los artistas han salido del show.
3. La bailadora se ha quitado el maquillaje.
4. Pepe Tranca ha trabajado en Alemania.
5. Los taxis han llegado al tablao.
6. El camarero ha repartido vasos con sangría.

TEST 4: Was vor allem gefällt und schmeckt

1. Me gusta la música, sobre todo el jazz.
2. Me gusta el cine, sobre todo las películas de Spielberg.
3. Me gusta la comida americana, sobre todo las hamburguesas.
4. Me gustan las bebidas, sobre todo el vino tinto.
   (Achtung: *bebidas* ist Mehrzahl, also muss es heißen: *gustan*)

TEST 5: Vorwürfe machen

1. ¡Has fumado hachís!
2. ¡Has tomado mucho whisky!
3. ¡Has besado a otra mujer!

4. ¡Has tomado café con otra mujer!
5. ¡Has escrito un e-mail a otra mujer!
6. ¡Has ido al cine con otra mujer!

TEST 6: Ausreden erfinden

1. Lo que pasa es que me están esperando.
2. Lo que pasa es que no tengo mucho tiempo hoy.
3. Lo que pasa es que no estoy en casa hoy.
4. Lo que pasa es que mañana voy al médico.
5. Lo que pasa es que mi teléfono no funciona bien.
6. Lo que pasa es que mi hija viene al tablao.
7. Lo que pasa es que mi suegro no me quiere.
8. Lo que pasa es que no tengo la culpa.

LEKTION 12

TEST 1: Wer was nicht hat können

1. El Bigote no ha podido subir con ella.
2. Nosotros no hemos podido venir antes.
3. Yo no he podido invitarte a comer.
4. Carmen no ha podido llamarla a medio día.
5. Vosotros no habéis podido hablar con ella.
6. Yo ne he podido comprar el periódico de hoy.

TEST 2: Pärchen bilden

1. academia + **9.** profesor
2. fumar + **6.** porro
3. compartir la vida + **10.** mujer
   (Das gilt natürlich nicht für ein schwules Pärchen.)
4. reunión de noche + **7.** drogas
5. show + **8.** actuación

TEST 3: Was wir müssen

1. Tenemos que hablar.
2. Tenemos que tomar un vinito juntos.
3. Tenemos que ver la película nueva de Saura.

4. Tenemos que encontrarnos esta semana.
5. Tenemos que ir a ver el tablao.
6. Tenemos que fumar un porro juntos.
7. Tenemos que conocer Cádiz.

TEST 4: Es gibt so viel … zu …

1. Hay tantas cosas que hacer.
2. Hay tantas películas que ver.
3. Hay tantos libros que leer.
4. Hay tantas personas que conocer.
5. Hay tantos vestidos que probar.
6. Hay tantos viajes que hacer.

TEST 5: Zuordnen

1. **c** te parece – du meinst
2. **f** pareces – du siehst aus wie
3. **b** a la una de la noche – um ein Uhr nachts
4. **e** una noche – eine Nacht
5. **d** las casas se quedan – die Häuser bleiben
6. **a** se quedan en casa – sie bleiben zu Hause

TEST 6: Ratschlag erteilen

1. ¿Sabes lo que tienes que hacer?
2. ¿Sabes lo que tienes que leer?
3. ¿Sabes lo que tienes que ver?
4. ¿Sabes lo que tienes que escuchar?
5. ¿Sabes lo que tienes que probar?
6. ¿Sabes lo que tienes que comer?

LEKTION 13

TEST 1: Welche Antwort passt?

1. **e** ¿qué tal? – pues no estoy muy bien
2. **d** ¿a qué hora llega? – no sabemos, pero va a llamar antes de salir
3. **c** ¿te ha gustado el show? – más o menos
4. **a** ¿cuándo vamos a hablar? – no tengo tiempo hoy
5. **b** ¿qué te pasa? – nada

TEST 2: Kleine Wiederholung

1. la segunda calle a la derecha
2. el primer bailador del tablao
3. la tercera película de Kurosawa
4. el cuarto cuarteto de Beethoven
5. la quinta sinfonía de Mahler
6. el sexto intento de leamar (Versuch anzurufen)

TEST 3: Beobachtungen weitergeben

1. Te han visto con una rubia en „El Tiburón blanco“.
2. Te han visto vender marihuana a un negro.
3. Te han visto con dos botellas de champán en el Hotel Ritz.
4. Te han visto con la novia del abogado en el café de la plaza.
5. Te han visto comprando rosas en la floristería.

TEST 4: Vorwürfe machen

1. Otra vez has venido tarde.
2. Otra vez has dormido hasta la una.
3. Otra vez has tomado mucho whisky.
4. Otra vez has fumado porros.
5. Otra vez has bailado con la holandesa.
6. Otra vez has gastado todo el dinero.
7. Otra vez no **me** has preguntado.
   (Achtung: Pronomen *me* wird vor das konjugierte Verb gestellt)
8. Otra vez has jugado al póquer. (Hier hilft kein Ehetherapeut mehr, hier hilft nur der Scheidungsanwalt.)

TEST 5: Gewohnheit ausdrücken mit *soler*

soler – pflegen etwas zu tun

suelo dormir hasta medio día – ich pflege bis Mittag zu schlafen

suelo	solemos
sueles	soléis
suele	suelen

1. En casa solemos comer a las una y media.
2. Mi padre suele leer su periódico en el desayuno.
3. Normalmente no suelo hacer este tipo de preguntas.
4. Mi abuelo suele acostarse a las ocho de la tarde.

LEKTION 14

TEST 1: Zuordnen

1. unas galletas y una revista – **e** Kekse und eine Zeitschrift
2. una cuestión de seguir los consejos – **d** eine Frage des Ratbefolgens
3. una mochila para el viaje – **f** einen Rucksack für die Reise
4. en la taquilla me han informado – **a** am Schalter hat man mich informiert
5. no te aconsejo nada – **b** ich rate dir nichts
6. tengo que preguntar en la taquilla – **c** ich muss am Schalter fragen

TEST 2: Präpositionen

1. **h** sobre – auf/über
2. **i** delante – vor
3. **f** detrás de – hinter
4. **a** antes de – vor
5. **b** dentro de – innerhalb
6. **e** hasta – bis
7. **g** durante – während
8. **d** después de – nach
9. **c** de – von/aus

TEST 3: Adverbien hinzufügen

1. **e** No lo sé exactamente, pero creo que viene a la una.
   (Ich weiß nicht genau, aber ich glaube, er/sie kommt um eins.)
2. **f** El viene personalmente, a las tres está aquí.
   (Er kommt persönlich, um drei ist er hier.)
3. **b** No es Jennifer López físicamente, pero me gusta igual.
   (Sie ist körperlich keine Jennifer Lopez, aber sie gefällt mir trotzdem / *igual* kann heißen: gleich, vielleicht, genauso, trotzdem – der Kontext macht es.)
4. **d** Desayunan a las nueve normalmente, pero hoy a las ocho.
   (Sie frühstücken normalerweise um neun, heute aber schon um acht.)
5. **c** Lo entiendo perfectamente, conozco el tema.
   (Ich verstehe das vollkommen, ich kenne das Thema.)
6. **a** Lo mira orgullosamente, está enamorada de él.
   (Sie schaut ihn stolz an, sie ist in ihn verliebt.)

TEST 4: Durchkonjugieren

1. sigo el consejo / sigues / sigue / seguimos / seguís / siguen (Damit immer „g“ gesprochen wird, muss vor i noch ein u eingefügt werden.)
2. tengo que preguntar en la taquilla / tienes / tiene / tenemos / tenéis / tienen
3. salgo primero / sales / sale / salimos / salís / salen
4. estoy buscando el autobús para Cádiz / estás / está / estamos / estáis / están
5. digo que hay dos compañías / dices / dice / decimos / decís / dicen
6. tomo unas vacaciones / tomas / toma / tomamos / tomáis / toman

TEST 5: En español, por favor

1. lejos de tu casa
2. antes de las cuatro
3. después de las cuatro
4. detrás del hotel
5. sobre problemas del mundo
6. hasta la estación de autobuses
7. durante la función

TEST 6: Sich vorstellen

1. Vengo de Argentina, soy argentino y hablo castellano.
2. Vengo de Francia, soy francés y hablo francés.
3. Vengo de España, soy español y hablo castellano. (*español* geht natürlich auch)
4. Vengo de Italia, soy italiano y hablo italiano.
5. Vengo de Inglaterra, soy inglés y hablo inglés.
6. Vengo de China, soy chino y hablo chino. (besser und genauer wäre zum Beispiel *mandarín* etc.)

Frauen sagen: *soy argentina / francesa / española / italiana / inglesa / china.*
Achten Sie auf den Akzent: *francés/inglés*, aber *francesa/inglesa.*
Warum das so ist? Normalerweise ist im Spanischen die letzte Silbe betont, wenn sie auf Vokal (*a, e, i, o, u*) oder *n* oder *s* endet. *Francés/inglés* soll aber trotz *s* auf der letzten Silbe betont sein, also

muss ein Akzent drauf. Der fällt wieder weg, wenn in der weiblichen Form die Silbe auf a endet. Wer das nicht verstanden hat, der hat bei Lektion 3 die zweite Übung nicht im Schlüssel gecheckt.

LEKTION 15

TEST 1: Sagen Sie, wozu Sie keine Lust haben

1. No tengo ganas de ir al cine esta noche. (ich bleibe lieber zu Hause)
2. No tengo ganas de bailar contigo. (das ist ein echter Korb)
3. No tengo ganas de saludar a este imbécil. (freundlich klingt das nicht)
4. No tengo ganas de cambiar de opinión. (hier bleibt jemand hart)
5. No tengo ganas de ver la tele ahora. (es gibt nichts Gescheites)
6. No tengo ganas de escribir novelas. (also fasse ich mich kurz)

TEST 2: Fragen Sie danach

1. ¿Le queda un apartamento?
2. ¿Le queda un piso con terraza?
3. ¿Le queda una habitación con baño?
4. ¿Le queda**n** (*tomates* ist Mehrzahl) tomates frescos?
5. ¿Le queda queso rallado?
6. ¿Le queda pan integral? (wenn man ausdrücklich nach einem Brot fragt, ginge auch *un pan integral*)
7. ¿Le queda un coche con aire acondicionado?
8. ¿Le queda una entrada para la función de esta noche?

TEST 3: Lassen Sie sich das zeigen

1. Me podría enseñar el piso que le queda.
2. Me podría enseñar la habitación con vista al mar.
3. Me podría enseñar los zapatos del escaparate.
4. Me podría enseñar el vestido rojo.
5. Me podría enseñar la iglesia del pueblo.
6. Me podría enseñar la foto de la abuela.

TEST 4: Wörter auf „d“ (alle weiblich)

1. universidad – **g** Universität **2.** nacionalidad – **e** Nationalität **3.** ciudad – **c** Stadt **4.** enfermedad – **a** Krankheit **5.** sensualidad – **b** Sinnlichkeit **6.** seguridad – **d** Sicherheit **7.** edad – **f** Alter **8.** sed – **h** Durst **9.** salud – **k** Gesundheit **10.** libertad – **m** Freiheit **11.** realidad – **o** Wirklichkeit **12.** sociedad – **q** Gesellschaft **13.** amistad – **s** Freundschaft **14.** humedad – **u** Feuchtigkeit **15.** mitad – **t** Hälfte **16.** barbaridad – **r** Schrecklichkeit **17.** publicidad – **p** Werbung **18.** calidad – **n** Qualität **19.** casualidad – **l** Zufall **20.** verdad – **i** Wahrheit

TEST 5: Das kann doch nicht so schwierig sein

1. No puede ser difícil encontrar otra cosa.
2. No puede ser difícil leer este libro.
3. No puede ser difícil cantar en francés.
4. No puede ser difícil levantarse a las seis de la mañana.
5. No puede ser difícil venir por la tarde.
6. No puede ser difícil estudiar física nuclear.

TEST 6: Nebendran

1. la terraza de al lado
2. la casa de al lado
3. el hombre de al lado
4. el café de al lado
5. el supermercado de al lado
6. el pueblo de al lado

TEST 7: Tragen Sie die richtige Form ein

1. ¿Por qué tú me persigues?
2. Yo no te persigo.
3. Usted me persigue.
4. Nosotros lo perseguimos.
5. El te persigue.
6. Ellos no persiguen a nadie.

LEKTION 16

TEST 1: Wie Sie den Tag verbringen

Unregelmäßige Gerundien:
caer – cayendo – fallend / decir – diciendo – sagend
dormir – durmiendo – schlafend / ir – yendo – gehend/fahrend
leer – leyendo – lesend / mentir – mintiendo – lügend
morir – muriendo – sterbend / pedir – pidiendo – bittend
poder – pudiendo – könnend / sentir – sintiendo – fühlend
venir – viniendo – kommend

1. Paso el día leyendo un libro.
2. Paso el día diciendo tonterías.
3. Paso el día mintiendo.
4. Paso el día pidiendo consejos.
5. Paso el día durmiendo en la playa.

TEST 2: Ausreden (er)finden

1. Perdona, me tengo que ir.
2. Perdona, tengo que tomar un tren.
3. Perdona, me tengo que informar primero.
4. Perdona, me tengo que instalar antes de medio día.
5. Perdona, tengo que llevar a mi madre al médico.
6. Perdona, tengo que llamar a mi abogado.

TEST 3: Was ich müsste – freundlich mitteilen

1. Debería informarme primero.
2. Debería llevar a mi madre al médico.
3. Debería tomar un tren.
4. Debería instalarme antes de medio día.
5. Debería irme.
6. Debería llamar a mi abogado.

TEST 4: Was passt als Erwiderung?

1. **c** ¿Sabes una cosa? – A ver, dime.
(a ver – mal sehen/bin gespannt, dime – sag's mir)

2. b ¿Le queda un piso? – No sé, pregunte a mi señora.
(alle, die nicht antworten wollen, sagen immer: „fragen Sie den und den")

3. d ¿Cuándo vuelve? – Hombre, no sé, tal vez dentro de media hora.
(mit *hombre* gewinnt man erst mal Zeit, mit *talvez*, vielleicht, lässt man sich nicht festnageln)

4. a ¿Me lo puede enseñar? – Por supuesto, a ver donde están las llaves.
(*por supuesto* – das ist verbindlich, jetzt muss er nur noch die Schlüssel finden)

TEST 5: Verlagern Sie in die abgeschlossene Vergangenheit

1. César vino, miró y triunfó. (kam, sah und siegte)
2. Pepa cantó una canción y comió un bocadillo.
3. Carlos no pudo dormir.
(Achtung: dormir – schlafen, dormirse – einschlafen)
4. Carla estuvo en Francia.
5. Andrés se puso un traje elegante.
6. Juanita vivió en Bilbao. (jetzt lebt sie woanders)

LEKTION 17

TEST 1: Familienverhältnisse

1. el hijo de mi tío / **d** primo – Sohn des Onkels = Cousin
2. el hijo de mi hermano / **a** sobrino – Sohn des Bruder = Neffe
3. el hijo de mi abuelo / **b** padre o tío – Sohn des Opas = Vater oder Onkel
4. el padre de mi madre / **e** abuelo – Vater der Mutter = Opa
5. la madre de mi padre / **c** abuela – Mutter des Vaters = Oma
Alles klar?

TEST 2: Was Sonia noch nicht gemacht hat

Das *se* kommt vor das Verb, wenn es denn eines gibt:

1. Sonia no se ha levantado todavía.
2. Sonia no se ha lavado todavía.
3. Sonia no ha ido de compras todavía.
4. Sonia no ha llamado a su madre todavía.
5. Sonia no ha leído el libro todavía.

TEST 3: Wie wird das ausgedrückt?

1. Llevo trece horas en el aeropuerto.
2. ¿Cuánto tiempo llevas en España?
3. Llevo fumando cuatro años.
4. Te llevamos esperando 35 minutos.
5. ¿Cuánto tiempo lleva hablando alemán?
6. Toda la mañana llevo buscando estas llaves.

TEST 4: Was ist gemeint?

1. Sirve para subir: **d** la escalera (hochgehen – Treppe)
2. Sirve para orientarse: **a** el mapa (sich orientieren – Stadtplan)
3. Sirve para preparar comida: **e** la cocina (kochen – Küche)
4. Sirve para despertarse: **b** el café (aufwachen – Kaffee)
5. Sirve para hablar: **c** el móvil (quatschen – Handy)

TEST 5: Richtig oder falsch?

	r	f
1. Uschi va directamente a Sevilla. Sie steigt in Cádiz um, hat dort eine halbe Stunde Aufenthalt.		✔
2. Jorge está de vacaciones. Jorge sagt nein. Aber heute ist ein Feiertag, also eigentlich doch.		✔
3. A Jorge le gusta el flamenco. Er antwortet „qué horror“ – schrecklich!		✔
4. Sonia es catalana. Ja, sogar beide sind aus Cataluña. Sie leben zwar schon vier Jahre in Andalucía, werden aber immer catalanes bleiben.	✔	
5. Uschi quiere ver los museos. Sie fragt nur, was sie sehen soll, und bekommt zur Antwort, dass sie die Kultur in den Museen findet. Jorgen und Sonia machen scheinbar lieber einen drauf.		✔
6. Sonia va a los sitios de guiris. Sie geht nämlich dorthin, wo Amerikaner, Japaner und Deutsche nicht hingehen.		✔
7. Carmen es la prima de Jorge. Sie ist die Kusine von Sonia.		✔
8. Sonia y Jorge llevan cuatro años en Sevilla. So lange sind sie schon hier: „Ya llevamos cuatro años aquí.“	✔	

TEST 6: Mutig drauflos konjugieren im Perfekt

me he echado un novio mariquita y casado
te has echado un novio mariquita y casado
se ha echado un novio mariquita y casado
nos hemos echado un novio mariquita y casado
os habéis echado un novio mariquita y casado
se han echado un novio mariquita y casado

me he separado de mi novia feminista, negra y judía
te has separado de tu novia feminista, negra y judía
se ha separado de su novia feminista, negra y judía
nos hemos separado de nuestra novia feminista, negra y judía
os habéis separado de vuestra novia feminista, negra y judía
se han separado de su novia feminista, negra y judía

Solche Sätze machen natürlich überhaupt keinen Sinn, sie sind grammatikalische Theorie. Wie soll das gehen: Ihr habt euch einen Freund angelacht? oder Wir haben uns von unserer Freundin getrennt?

LEKTION 18

TEST 1: Abgeschlossene Vergangenheit

1. In Deutschland lernte Uschi einen Flamenco-Tänzer kennen. (je nach Zeit heißt *conocer* kennen oder kennen lernen)
2. Uschi verliebte sich in ihn.
3. Sie reiste nach Andalusien, wo er lebt.
4. Sie merkte, dass die Liebe nicht einfach ist.
5. Sie beschloss, eine Reise durch Andalusien zu machen.
6. Sie fuhr zu einem schönen Strand.

TEST 2: Wie heißt die Form im Indefinido?

1. ¿Fuiste al banco?
2. Me compré un choche nuevo.
3. Nos separamos. (in der Gruppe der Verben auf **-ar** sind Präsens und Indefinido der 1. Mehrzahl gleich)
4. ¿Hablaste con el jefe?
5. ¿Llegásteis por la noche?
6. Se conocieron en una discoteca.

TEST 3: Anbieten aufzuschreiben

1. Te voy a apuntar mi número de teléfono.
2. Te voy a apuntar nuestra dirección en Valencia.
3. Te voy a apuntar tus datos.
4. Te voy a apuntar la dirección de su correo electrónico.
5. Te voy a apuntar el título de este libro.
6. Te voy a apuntar el nombre de mi sobrino.

TEST 4: Basteln Sie sinnvolle Sätze

1. **c** Tienes que ir a los sitios a donde van los sevillanos.
2. **d** Durante el día hay tiempo para ver alguna cosa interesante.
3. **b** Así que Sonia y Jorge saben que Uschi tiene un novio gitano.
4. **a** Uschi hace de tripas corazón y se acerca a su mesa.

TEST 5: Das haben Sie gerade getan

1. Acabo de separarme de mi mujer.
2. Acabo de perder todo mi dinero.
3. Acabo de conocer al rey.
4. Acabo de llamar a Juanita.
5. Acabo de conseguir un trabajo interesantísimo.
6. Acabo de comprarme una bicicleta fantástica.

TEST 6: Dolmetscher spielen

1. Los amigos viven en pleno centro.
2. Anoche se nos hizo tarde.
   (*anoche* kann bedeuten 1. vergangene Nacht 2. heute Nacht)
3. Llevan dos horas tomando café.
4. Se ha echado una novia americana.
   (das Wörterbuch von 1973 führt unter *echarse un novio* auf: „ein Liebesverhältnis knüpfen")
5. Los andaluces son graciosos.
6. Te enseñamos los sitios donde hay marcha.

LEKTION 19

TEST 1: Was mehr gefällt

1. Me gusta más Shakira que Anastacia.
   (Shakira es colombiana, ¿lo sabía?)
2. Me gusta más Robert de Niro que Antonio Banderas.
   (Antonio Banderas es español)
3. Me gusta más Paco de Lucía que Julio Iglesias.
   (Julio Iglesias es español también)
4. Me gusta más Zapatero que Aznar.
   (Aznar fue presidente hasta el 2004, Zapatero es presidentes desde el 2004)
5. Me gusta más Penélope Cruz que Jennifer López.
   (dos estrellas, una es actriz, la otra cantante)
6. Me gusta más Cervantes que García Lorca.
   (grandes escritores los dos, de dos épocas diferentes)

TEST 2: Was passt wo?

1. Carlos sólo tiene 4 años, es el menor de los hermanos.
2. Alemania es el mayor productor de automóviles en Europa.
3. Julio Iglesias canta fatal, es el peor de los cantantes internacionales.
4. Paco de Lucía toca flamenco como ningún otro, es el mejor guitarrista del mundo.
   (Bitte nehmen Sie die Inhalte solcher Übungssätze nicht allzu ernst.)

TEST 3: Wie heißt es in der Sprache Iberiens?

1. el intento de ligar
2. un pintor de segunda
3. un juicio duro
4. la expresión del tiempo
5. un hombre antipático
6. la menor duda

TEST 4: Murmeln Sie vor sich hin

1. charlo con mis amigos/ charlas con mis amigos / charla / charlamos / charláis / charlan
2. juro que no es así / juras / jura / juramos / juráis / juran
3. invito a tomar una copa / invitas / invita / invitamos / invitáis / invitan
4. sigo a otro bar / sigues / sigue / seguimos / seguís / siguen

TEST 5: Richtig oder falsch?

		r	f
1.	Nein: Jaime findet Uschi zwar gut, aber deswegen sind sie noch lange keine *novios*, denn Uschi hat ihr Herz schließlich an den Wahnsinnstänzer in Málaga verloren.		✔
2.	Ja, das ist seinen Komplimenten zu entnehmen: *„estás guapa, eres atractiva"*. Wobei das *estás* auf die Tagesform verweist: du siehst gut (zurechtgemacht) aus, und das *eres* auf den Dauerzustand: du bist eine attraktive Frau.	✔	
3.	Ja, er liebt diese Maler.	✔	
4.	Nein: Es stellt sich zwar heraus, dass er auch Maler ist, aber deswegen bleibt er doch Argentinier und ist noch lange kein *sevillano*.		✔
5.	Ja: Nach dem Museum findet sie, dass es Zeit für ein Gläschen ist.	✔	
6.	Nein, nicht *separadamente* – getrennt, sondern *juntos* – zusammen.)		✔

TEST 6: Welches Wort fehlt?

1. Estamos tomando café en una *cafetería* del centro.
2. Se han dado cita en el *museo* de Bellas Artes.
3. En toda España es *costumbre* tomar vino con alguna tapa.
4. El autobús para en una *estación* de servicio.
(Mögliche Antworten könnten auch sein: 1. en un hotel, en un bar etc. 2. instituto)

LEKTION 20

TEST 1: Fischen Sie die richtige Bedeutung raus

1. **f** no me prometas tonterías – versprich mir keine Dummheiten
2. **e** no cantes tan mal – sing nicht so schlecht
3. **d** no llores otra vez – heul nicht schon wieder
4. **c** no esperes más – warte nicht länger
5. **b** no comas estas porquerías – iss diese Schweinereinen nicht
6. **a** no estudies tanto – pauke nicht so viel

TEST 2: In der Kürze liegt die Würze

1. Se toma vino malo y se habla mucho.
2. Se duerme mucho y se come bien.
3. Se liga mucho y se duerme poco.
4. Se busca un hotel y se desayuna un café con leche y un croisán.
5. Se ve televisión y luego se va a la cama.
6. Se compran (hier steht die Mehrzahl wegen „cosas") cosas de mala calidad y se paga mucho dinero.

TEST 3: Befehle verneinen mit Verben auf *-ar*

1. no te laves, por favor
2. no me hables en inglés
3. no pagues (eingeschobenes *u*, damit die Aussprache „g" bleibt) con tarjeta
4. no tomes el tren
5. no te sientes con nosotros
6. no lo intentes

TEST 4: Befehle verneinen mit Verben auf *-er/-ir*

1. no me escribas
2. no corras
3. no aprendas la lección
4. no comas patatas fritas
5. no creas lo que dice
6. no leas esa novela

LEKTION 21

TEST 1: Klare Vorstellungen

1. No quiero un bailador de flamenco como pareja.
2. No quiero un camarero de discoteca como pareja.
3. No quiero un artista de segunda como pareja.
4. No quiero un torero japonés como pareja.
5. No quiero un policía de Murcia como pareja. (Die Leute aus Murcia haben bezüglich ihres IQ nicht den besten Ruf.)
6. No quiero un vendedor ambulante como pareja.

TEST 2: Verneinte Befehlsform

1. No te preocupes. **2.** No te aburras. **3.** No te levantes. (bleib liegen) **4.** No te decidas. (bleib unentschieden) **5.** No te rías **6.** No te muevas. (still geblieben) **7.** No te diviertas. (komisches Verbot) **8.** No te acerques (¡!) **9.** No te acuerdes. **10.** No te informes (bleib unwissend)

TEST 3: Da fehlt ein Wörtchen

1. Van a un mesón y antes de sentarse, toman un *aperitivo* en el mostrador.
2. Todo el mundo me dice *lo* que tengo que hacer.
3. El Bigote no es cliente, no está *alojado* en este hotel.
4. Los dos han tomado el aperitivo, han almorzado y ahora hay una buena *onda* entre ellos.

TEST 4: Auf Deutsch

1. Der Treff in Uschis Zimmer dauert eine Stunde und 43 Minuten.
2. Ich führe dich zu einem Ort, wo es erstklassigen Champagner gibt.
3. Beiden rennen hinaus.
4. Ein bisschen Machismus ist gut. (Nur ein Übungssatz!)

TEST 5: Den langjährigen Ehepartner spielen

1. no te muevas
2. no te rías
3. no te aburras
4. no te diviertas
5. no te decidas
6. no te levantes (Vorsicht: *levantar* endet auf -ar, also muss es *-es* heißen)

TEST 6: Raten Sie mal, wer dahinter steckt

1. El hijo de mi tío es mi primo.
2. La hija de mi hermano es mi sobrina.
3. La madre de mi marido es mi suegra.
4. Los padres de mi mujer son mis suegros.
5. La hermana de mi madre es mi tía.

LEKTION 22

TEST 1: Ungläubig nachhaken

1. ¿Cómo va a trabajar si tiene una niña?
2. ¿Cómo va a casarse si tiene una mujer?
3. ¿Cómo va a bailar si tiene un pie roto?
4. ¿Cómo va a estudiar si tiene visita en casa?
5. ¿Cómo va a separarse si tiene su gran amor en casa?
6. ¿Cómo va a venir si tiene dos hijos enfermos?

TEST 2: Vorschläge formulieren

1. ¿Por qué no tomas un zumo de naranja?
2. ¿Por qué no pides un salmón ahumado?
3. ¿Por qué no dejas una propina?
4. ¿Por qué no buscas un jardín de infancia?
5. ¿Por qué no piensas un poco?
6. ¿Por qué no trabajas de noche?

TEST 3: Was gehört zusammen?

1. **f** camarero + propina
2. **c** pan + mantequilla
3. **d** queso + jamón
4. **e** café + leche
5. **a** cocinero + cocina
6. **b** salmón ahumado + champán

TEST 4: Wie heißt es im Indefinido?

1. hice un viaje interesante
2. hicimos las paces
3. ¿hicisteis ejercicios?
4. ¡hiciste brujerías!
5. no hicieron tonterías
6. hizo buen tiempo

TEST 5: Bitte ergänzen

1. Jorge está enfermo. No ha dormido en *toda la* noche.
2. Duermo muy mal. *Cada* noche me levanto, porque no puedo dormir.
3. Muchas gracias, no tengo hambre, no quiero *nada*.
4. *Todo* no es tan fácil como parece.
5. No hay *nada* para comer en casa.

TEST 6: Richtig oder falsch?

		r	f
1.	Sí, Uschi quiere desayunar „a la alemana“.	✔	
2.	No sirven comidas.		✔
3.	Está solo y tiene 33 desayunos.		✔
4.	No, tiene una hija.		✔
5.	Sí, tiene otro trabajo por la noche en un club.	✔	
6.	Sí, Uschi y Jaime van a la playa.	✔	

LEKTION 23

TEST 1: Subjuntivo probieren

1. ¿Te molesta que llame a las once?
2. ¿Te molesta que venga a las doce?
   (die Unregelmäßigkeit leitet sich von der ersten Person *vengo* her)
3. ¿Te molesta que haga la comida? (genau wie 2., von *hago*)
4. ¿Te molesta que fume aquí?
5. ¿Te molesta que te ayude un poco?
6. ¿Te molesta que coma un helado?

TEST 2: Wie muss es heißen?

1. **b** quieres que abra la ventana – soll ich das Fenster aufmachen
2. **c** puede ser que haya problemas – möglich, dass es Probleme gibt

TEST 3: Vorschlagen

1. Pongamos las cartas sobre la mesa.
2. Hagamos un viaje.
3. Comamos paella.
4. Compremos un Mercedes-Benz.

5. Hablemos abiertamente.
6. Fumemos un porro.

TEST 4: Wie geht der Satz weiter?

1. **a** Pero esto no es ningún motivo para una ruptura.
2. **c** Mira, llevo diez minutos intentando conectarme con mi servidor.
3. **b** Uschi se da cuenta de que metió una hora entera para arreglarse.

LEKTION 24

TEST 1: Welche Übersetzung trifft es?

1. **d** Voy con la hora pegada al culo. Ich hab's ja soo eilig.
2. **b** ¡Quien llega tarde no oye misa ni come carne! Wer zu spät kommt, den bestraft das Leben.
3. **c** ¡Eres más bueno que el pan! Du bist ja soo gut zu mir.
4. **a** Esto va a acabar como el rosario de la aurora. Das geht aus wie das Hornberger Schießen.

TEST 2: Setzen Sie ein „dies" davor

1. este cachondo – Witzbold
2. este madrugador – Frühaufsteher
3. esta huelga – Streik
4. esta excursión – Ausflug
5. este turista – wenn es ein Mann ist / esta turista – wenn es eine Frau ist
6. esta noche – la noche heißt die Nacht nämlich, und sie ist weiblich
7. esta recepcionista – wenn es eine Frau ist / este recepcionista – wenn es ein Mann ist
8. este tomate – warum die Tomate männlich ist in Spanien und weiblich in Deutschland, das müsste man die Azteken fragen, bei denen hieß sie „tomatl" und war sächlich
9. este hotel
10. esta lección – alle Wörter auf -ión sind weiblich: la excursión, la pensión, la inflación; es gibt auch ein paar wenige Ausnahmen: zum Beispiel el camión – der LKW

TEST 3: Wie geht der Satz weiter?

1. **b** Solemos desayunar en el bar. (wir pflegen im Café zu frühstücken oder in der Kneipe, aber nicht einer Bar)
2. **d** Sentimos mucho no poder venir a la fiesta. (es tut uns Leid, dass wir nicht zu dem Fest kommen können)
3. **c** Julia lleva seis años estudiando. (Julia studiert seit sechs Jahren, die Arme – ist sie Medizinerin oder langsam?)
4. **e** Seguimos viviendo en la misma casa. (wir wohnen immer noch im gleichen Haus)
5. **b** Suelo ir al cine los sábados. (ich gehe samstags normalerweise ins Kino)
6. **f** Jorge vuelve a salir con su novia. (Schorsch geht wieder mit seiner Freundin, die kleinen Unstimmigkeiten sind beigelegt)
7. **h** No es ningún hombre para toda la vida. (er ist kein Mann fürs Leben)
8. **g** Se pone roja como un tomate. (sie kriegt so einen Ballon)

LEKTION 25

TEST 1: Subjuntivo fehlt

1. No creo que él venga hoy.
2. Déjame que te lo explique. (Achtung Schreibweise)
3. ¿Le molesta que fume?
4. ¿Quieres que traiga el postre ya?
5. Espero que la situación no sea demasiado difícil.
6. Tengo miedo de que ellos me pregunten algo que no sé.

TEST 2: Vor & seit ...

1. Hace un día que Dolores no habla con su marido.
2. Hace dos días que lo veo con otra oder: Hace dos días que lo he visto con otra. (1. seit / 2. vor)
3. Hace un mes que mi padre lo cogió con las manos en la masa.
4. Hace dos horas que conozco a esta guiri.
5. Hace una semana que compramos un coche nuevo.
6. Hace un año que mi marido y yo nos separamos.

TEST 3: Übersetzen macht immer wieder Spaß

1. Yo siempre tenía mis ligues por allí.
2. Dolores tiene una bronca que no veas.
3. Cuando tiene un problema gordo se pone en contacto con su padre.
4. Pero no es ningún motivo para divorciarse.
5. No quiero que fracase nuestra familia.
6. Te tendrás que buscar otro trabajo.

LEKTION 26

TEST 1: Wochentage, Monatsnamen und Ordinalzahlen

1. El segundo mes del año es febrero.
2. El tercer día de la semana es miércoles.
3. El cuarto mes del año es abril.
4. El quinto día de la semana es viernes.
5. El sexto mes del año es junio.
6. El séptimo día de la semana es domingo.

TEST 2: Erst auf Deutsch und dann das Gegenteil

1. inevitable – unvermeidbar – evitable
2. increíble – unglaublich – creíble
3. desigual – ungleich – igual
4. indiscutible – undiskutabel – discutible
5. desagradable – unangenehm – agradable
6. incorregible – unverbesserlich – corregible

TEST 3: Immer so weiter

1. Vamos a seguir siendo buenos amigos. (ser – siendo)
2. Vamos a seguir trabajando en la misma empresa.
3. Vamos a seguir tomando coñac.
4. Vamos a seguir aburriéndonos. (Pronomen wird angehängt, muss *nos* sein, weil der Satz ja mit *vamos* eingeleitet ist.)
5. Vamos a seguir leyendo El País. (leer – leyendo)
6. Vamos a seguir pidiendo justicia.
   (pedir – pidiendo. „Wir werden weiter Gerechtigkeit fordern", gehört zum Standardrepertoire korrupter Politiker)

TEST 4: Was gehört zusammen?

1. **d** contemporáneo + zeitgenössisch
2. **c** compatriota + Landsmann
3. **a** constitución + Verfassung
4. **f** celos + Eifersucht
5. **e** comportarse + sich benehmen
6. **b** cortar los huevos + die Eier abschneiden (diese Ausdrucksweise ist alles andere als dezent)

LEKTION 27

TEST 1: Welche Antwort passt?

1. **d** ¿Te gustan de verdad? – No, me parecen una barbaridad.
2. **e** ¿Qué quieres comer, cariño? – No sé, no tengo hambre.
3. **b** ¿Cuándo sale tu avión? – Ni idea, me parece que por la noche.
4. **a** ¿Me presentas a la señora? – Por supuesto, es mi jefa.
5. **f** ¿El señor quiere un whisky de importación? – No, uno nacional por favor.
6. **c** ¿Qué te pasa, mi amor? – No sé cómo explicarte.

TEST 2: Wie würde der Spanier sagen?

1. Déjate de rodeos.
2. Me cuesta volver aquí.
3. Tienes que poner las cartas sobre la mesa.
4. No te hagas el sueco.

TEST 3: Essen vorschlagen

1. Cómete un pescado.
2. Cómete una chuleta.
3. Cómete una paella.
4. Cómete una hamburguesa.
5. Cómete un bocadillo.

TEST 4: Pärchen bilden

Prinzip der Ordnung ist hier die gleiche Bedeutung:

1. **e** no lo mates – déjalo vivir (töte ihn nicht – lass ihn leben)
2. **d** sepárate – corta con él (trenn dich – mach Schluss mit ihm)

3. **a** llámala – comunícate con ella
(ruf sie an – setz dich mit ihr in Verbindung)
4. **c** es malo – no sirve para nada (es ist schlecht – es nutzt für gar nichts)
5. **b** desembucha – dilo (rück raus – sag es)

TEST 5: Seien Sie mal richtig ordinär

In heiklen Situationen lassen Sie lieber die Finger von solchen Sätzen.

1. Me cago en el curso de inglés.
2. Me cago en mi jefe.
3. Me cago en tus padres.
4. Me cago en mi contrato.
5. Me cago en el futuro.
6. Me cago en tus amigos de mierda.

LEKTION 28

TEST 1: Wer ist womit dran, was zu tun?

1. Le toca a ella trabajar.
2. Me toca a mí llamar.
3. Te toca a ti traer el café.
4. Nos toca a nosotros hacer la compra.
5. Le toca a él preparar la comida.
6. Les toca a ellos pagar la comida.
7. Te toca a ti tocar una toccata.

TEST 2: Üben Sie die Übersetzung

1. Cuando veo al taxista se me sube la presión de la sangre.
2. Ayer me despedí de él.
3. Tengo que esperar, no tengo otro remedio.
4. Uschi, ¿te hartaste de tu gitanillo?

TEST 3: Was steckt dahinter?

1. las acitividades del día o: los quehaceres.
2. poner las cosas en su sitio o: guardarlas
3. pagar con dinero o: en efectivo.
4. sitio en el coche para el equipaje: el maletero.

TEST 4: Was gehört zusammen?

1. d ¿Estás enamorada de otro? – Te juro que sólo te quiero a ti.
2. c ¿Puedo pagar con tarjeta? – Aquí sólo cobramos en efectivo.
3. e ¿Te gusta leer? – Depende del libro.
4. a Hola amor, voy contigo a Alemania. – ¿Dónde vas a vivir allá?
5. b ¿Cuándo volvemos a vernos? – En navidad seguramente.

Herzlichen Glückwunsch, dass Sie den Ehrgeiz und das Durchhaltevermögen hatten, sich bis hierhin durchzuarbeiten. Ihnen gebührt ein herzliches *enhorabuena* (Glückwunsch!).

Wörterbuch
Diccionario

Dieses Glossar umfasst etwa 850 Wörter, die einem „falschen Anfänger" geläufig sein könnten, sowie 850 weitere, etwas anspruchsvollere Wörter – die Einträge in den Randspalten der Lesetexte. Die Zahl hinter der deutschen Übersetzung gibt jeweils die Lektion an, A, B, C und D verweisen auf den Teil der Lektion (erste, zweite, dritte oder vierte Seite), in dem das Wort auftaucht. Das Geschlecht des jeweiligen Hauptwortes wird mit **(el)**/**(la)** angegeben, **a/o** ist die Endung der Eigenschaftswörter, **(Pl)** Plural und – ersetzt das vorangehende Stichwort.

a

a zu, nach, um
a dónde wohin 22D
a pesar de trotz 19B
abajo unten, hinunter
abandonar verlassen
abierto/a offen
abogado (el) Rechtsanwalt 13D
abrazar umarmen 3C, 24D
abrazo (el) Umarmung
abrebotellas (el) Flaschenöffner
abrigo (el) Mantel, Schutz
abril (el) April
abrir öffnen
absoluto, en – überhaupt nicht 23A
abuela (la) Großmutter, Oma 4D
aburrirse sich langweilen
acabar de gerade getan haben 8B
academia (la) Schule 11B
accidente (el) Unfall
acción (la) Handlung, Tat, Aktion
aceite (el) Öl 4A
aceituna (la) Olive
aceptar akzeptieren
acercarse sich nähern 5A
acompañar begleiten
aconsejar raten, Rat geben 14A
acordarse sich erinnern 11A
acostumbrado/a gewohnt 27D
actividad (la) Aktivität 18A
activo/a tätig, aktiv
actor (el) Schauspieler
actriz (la) Schauspielerin
actuación (la) Auftritt 10B
actual gegenwärtig, aktuell
actuar auftreten 20A
acuerdo, de – einverstanden 8A
además außerdem
adiós auf Wiedersehen

admirar bewundern 4B
adobe, en – eingelegt 27D
aduanero (el) Zöllner 1A
adulto/a erwachsen
aeropuerto (el) Flughafen
afeitar rasieren 17B
aficionado (el) Fan 13D
afueras (las) Stadtrand 13A
agencia de viajes (la) Reisebüro
agosto (el) August
agradable angenehm
agradar gefallen 23D
agua (el) Wasser
agua mineral Mineralwasser
aguantar aushalten 10D
ahí da, dort
ahora jetzt
ahora mismo sofort 3C, jetzt sofort 14B
aire (el) Luft
ajo (el) Knoblauch 4A
al final letztendlich 27A
al revés umgekehrt 18B
alegrarse sich freuen 11B
alegría (la) Freude
alejarse sich entfernen 27B
alemán/-a deutsch
Alemania Deutschland
algo etwas
alguién jemand 15C
allá dort 27C
allí dort
alma (el) Seele 4B
almorzar zu Mittag essen 21A
alojado, estar – untergebracht / Gast sein 5A
alojarse im Hotel absteigen 16C
alquilado/a gemietet 13A
alrededor drum herum 26D
alta/o groß 6D, hoch 7D
altavoz (el) Lautsprecher 17A
ama de casa (el) Hausfrau
amable nett 6B
amante (el) Liebhaber 26D
amar lieben
amarillo/a gelb
ambulancia (la) Krankenwagen
América Latina Lateinamerika
americano/a amerikanisch
amigo (el) Freund
amiguete (el) Freund 22C
amistad (la) Freundschaft 8C
amor (el) Liebe
animado/a angeheitert 10D
animal (el) Tier
ánimos (los) Gemüter 28C
año (el) Jahr
anoche gestern Abend 17B
anotar aufschreiben 18C
ante vor, angesichts
anteayer vorgestern
antiguo/a alt 16A
antipático/a unsympathisch 11A
anuncio (el) Anzeige, Annonce
apañarse klarkommen 22B
aparato (el) Apparat
apariencias (las) Schein 12A
apartamento (el) Apartment
apellido (el) Nachname
aperitivo (el) Aperitif 21A
apestar stinken 11C
aplauso Applaus 26B
aprender lernen
apretar drücken 21D

aprovechar die Gelegenheit nutzen 12D
aquel, aquella, aquello jener, jene, jenes 21A
aquí hier
arquitectura (la) Architektur
arreglar in Ordnung bringen 25D
arreglarse sich herausputzen 23D
arriba oben
arroz (el) Reis
arte (el) Kunst 11A
artículo (el) Artikel 26A
artificial künstlich 26B
artista (el/la) Künstler 4B
ascensor (el) Aufzug 5A
asco (el) Ekel 4B
así so
aspecto (el) Aussehen 1B
asunto (el) Angelegenheit
asustar erschrecken 16C
atacar angreifen 26D
ataque (el) Anfall 20D
atasco (el) Stau 14D
atender bedienen 24C
aterriza landen 1A
atracción (la) Anziehung 26A
atractivo/a attraktiv
atreverse wagen 26B
atrevido/a dreist 16C, gewagt 21D
atún (el) Thunfisch 22A
austríaco/a österreichisch, Österreicher/-in
autobús (el) Autobus
automáticamente automatisch 28C
autopista (la) Autobahn 20A
AVE (el -, Alta Velocidad) Hochgeschwindigkeitszug
avenida (la) Allee
aventura (la) Abenteuer 2C
avión (el) Flugzeug
avisar Bescheid sagen
ayer gestern
ayuda (la) Hilfe
ayudar helfen
en qué le puedo – ? womit kann ich dienen? 2B
ayuntamiento (el) Rathaus
azúcar (el) Zucker 9C
azul blau

b

bagaje (el) Gepäck
bailador (el) Tänzer 2C
bailar tanzen 2C, 11A
bajar (runter-)gehen 2B, aussteigen
banco (el) Bank
baño (el) Toilette 9A, Bad
bar (el) Bar, Kneipe, Café
barato/a billig
barba (la) Bart 20D
barra (la) Laib 22C
barrio (el) (Stadt-)Viertel,
barrio residencial Wohnviertel 13A
bastante ziemlich 9D
bata (la) Morgenmantel 17B
baúl (el) Kofferraum, Truhe
beber trinken
bebida (la) Getränk 10D
belleza (la) Schönheit
besarse sich küssen 5C
beso (el) Kuss 1B
besote (el) Küsschen 28B
bici (la), bicicleta (la) Fahrrad

bien gut
bienvenido/a herzlich willkommen
bigote (el) Schnurrbart 7C
billete (el) Fahrkarte, Geldschein
biología (la) Biologie 16A
bizcocho (el) Biskuits, Zwieback
blanco/a weiß
bloque (el) Wohnbunker 13A
blusa (la) Bluse 4D
bocadillo (el) Sandwich
bodega (la) Weinhandlung
bofetada (la) Ohrfeige 24D
bolígrafo (el) Kugelschreiber 2B
bolsa (la) Tüte, Beutel
bolso (el) Handtasche 9B
bonito/a hübsch, nett
botella (la) Flasche
brazo (el) Arm
brillantina (la) Brillantine, Haaröl 10A
bronca (la) so einen Hals 25D, Streit 27A
bueno/a gut, (mit estar) gesund
buenos días guten Tag
buenas noches gute Nacht
buenas tardes guten Abend
buscar suchen

C

caballero (el) der Herr 5B
caballo blanco (el) weißes Pferd; Heroin 13A
cabeza (la) Kopf
cabina (la) Kabine
cachondo (el) Witzbold 24C
café (el) ein Kaffee
cafetería (la) Café/Cafeteria
cagar en scheißen auf 27D
caja (la) Kasse
cajero automático (el) Bankautomat
calentar wärmen
calidad (la) Qualität, Güte
caliente warm/heiß
callado/a schweigsam 4C
callarse schweigen 25A
calle (la) Straße
callejón (el) Gässchen 2A
calmarse abkühlen, beruhigen 28C
calor (el) Hitze
hace calor es ist heiß
caluroso/a warmherzig 4C
cama (la) Bett 2B
camarero/a (el/la) Kellner/in 4A
cambiado/a verändert 9A
cambiar wechseln
camerino (el) Künstlergarderobe 10C
caminar (zu Fuß) gehen 18A
camino (el) Weg
camión (el) Lastwagen
camisa (la) Hemd
camping (el) Campingplatz
campo (el) Land
cansado/a müde 1C
cantar singen
cantar las cuarenta den Marsch blasen 25C
capaz fähig
capital (el) Kapital
capital (la) (Provinz-)Hauptstadt 17A
cara (la) Gesicht
caracol (el) Schnecke 6D
carísimo sehr teuer 7A
carne (la) Fleisch 21D

carnet (el) Ausweis
carnicería (la) Metzgerei
caro/a teuer 15A
carretera (la) (Land-)Straße 14D
carta (la) Brief 1B, Speisekarte
cartel (el) Schild 1B
casa (la) Haus
casa de la cultura Bürgerhaus
casado/a verheiratet 2C
casi fast 11D
caso (el) Fall
castellano/a kastilisch, spanisch 6B
castillo (el) Schloss, Burg
casualidad (la) Zufall 14C
catedral (la) Kathedrale
cazón (el) Katzenhai 27D
celos (los) Eifersucht 20D
celoso/a eifersüchtig 4C
cena (la) Abendessen
cenar zu Abend essen
cenicero (el) Aschenbecher
central (la) Zentrale 1D
centro (el) Zentrum, Agentur, Studio
centro comercial (el) Einkaufszentrum
centroamericano zentralamerikanisch 14D
cerca de nahe, in der Nähe von 6A
cero null
cerrado/a geschlossen
cerrar schließen 10A
cerveza (la) Bier
chalet adosado (el) Reihenhaus 13B
champán (el) Champagner 21C
champiñones (los) Champignons
chaqueta (la) Jackett 7D
charlar plaudern, schwätzen, reden, quatschen 23A
chica (la) Mädel 7A
chico (el) Junge 1B
chiquitito ganz klein 1D
chiringuito (el) Strandkneipe 16A
chocolate (el) Schokolade
chófer (el) Fahrer
choque (el) Zusammenstoß
chorizo (el) Paprikawurst
cibercafé (el) Cybercafé 23C
cien/ciento hundert
cierre (el) Schloss 28C
cierto sicher, gewiss
¿no es cierto? nicht wahr? 14C
cigarillo (el) Zigarette
cine (el) Kino 21C
cita (la) Verabredung 22C
ciudad (la) Stadt
claro/a hell 15B, klar
claro que no natürlich nicht 1C
claro que sí natürlich, klar 5D
cliente (el) Kunde 24C
clima (el) Klima
clínica (la) Klinik
cobarde feige/Feigling 8D
cobrar berechnen 2A, einlösen, kassieren, verdienen 22A
coche (el) Auto 4A
cocina (la) Küche 7C
cocinar kochen
cocinero (el) Koch 22A
coger (mit)nehmen, greifen
coger con las manos en la masa auf frischer Tat ertappen 25C
colección (la) Sammlung
colega (el/la) Kollege/in

colombiano kolumbianisch 14D
colonia (la) Kolonie; Kölnisch Wasser
color (el) Farbe
comedor (el) Speisesaal 22A
comentar kommentieren
comenzar anfangen, beginnen
comer essen
comida (la) (Mittag-)Essen 22A
comisaría (de policía) (la) Polizeidienststelle
cómo/como wie
cómo si fuera als ob ... wäre 3C
cómo mucho wenn's hoch kommt 28A
cómodo/a bequem
compañía (la) (Bus)Gesellschaft 14A; Fluggesellschaft 26A
compatriota (el) Landsmann 26B
complicado kompliziert 8A
comportarse sich benehmen 26D
compra (la) Einkauf 8A
comprar kaufen
computadora (la) Computer 23C
comunicarse sich mitteilen 16D
comunicarse con sich in Verbindung setzen 27A
con mit
concierto (el) Konzert
conclusión (la) Schlussfolgerung
llegar a la conclusión zu dem Schluss kommen 27C
conectarse sich einloggen 23C
conflicto matrimonial (el) Ehekrach 25B
conflictos sociales (los) soziale Konflikte 13A
conmigo mit mir 5A
conocer kennen 1C, kennen lernen
conocido/a bekannt 4C
consciencia (la) Gewissen
mala consciencia schlechtes Gewissen 24D
conseguir erreichen 13B
consejo (el) Ratschlag 7D
constitución (la) Verfassung 26C
construir bauen, konstruieren
consulado (el) Konsulat 26B
contacto (el) Kontakt
contar zählen, rechnen; erzählen
contemporáneo/a zeitgenössisch 26B
contestar antworten 8C
contigo mit dir
contra gegen
contrato (el) Vertrag 11D
control (el) de aduana Zoll-Kontrolle 1A
convivir zusammenleben 24D
copa (la) (Wein-)Glas
copa de champán (la) Glas Champagner 8C
copia (la) Kopie
copita (la) Gläschen 19C
corazón (el) Herz 27D
correo electrónico (el) E-Mail 23C
correos (los) Post
correr laufen
corresponder entsprechen, passen 23A
corrida (la) Stierkampf
cortado (el) Kaffee mit Schuss Milch 4A

cortar schneiden, abschneiden 26D; Schluss machen 27B
corto/a kurz 5C
cosa (la) Sache
costa (la) Küste 14B
costar kosten 2A; schwer fallen 27C
costumbre (la) Sitte 19C
cotilleo (el) Klatsch 17D
crecer aufwachsen 20D
crédito (el) Kredit
creer glauben, meinen
  créeme glaub mir 9D
crisis (la) Krise
criticar kritisieren
croisán (el) Croissant 6B
cruce (el) Kreuzung
cruz (la) Kreuz
Cruz Roja Rotes Kreuz
cuadro (el) Bild 19B
cuál welche(r)
cualquier irgendein, jedwedes 19B
cuándo wann, wenn, als
cuánto wie viel
cuánto vale was kostet
cuarto (el) Zimmer 21B; Viertel
cuarto de baño (el) Badezimmer
cuarto de hora (el) Viertelstunde
cubo (el) Eimer 21D
cuenta (la) Rechnung; Konto
cuéntame erzähl mir 4B
cuerpo (el) Körper 3C
cuestión (la) Frage 14A
cuidado (el) Achtung 18B; Vorsicht
  tener cuidado Acht geben 23B
culebrón (el) Seifenoper 9C
culpa (la) Schuld 5B
culto/a gebildet 22D
cultura (la) Kultur
culturismo (el) Bodybuilding 16A
cumpleaños (el) Geburtstag
cuñado/a (el/la) Schwager/ Schwägerin
curioso/a neugierig 5D
cursi kitschig 18D
curso (el) Kurs
curva (la) Kurve

d

D.N.I. = Documento Nacional de Identidad (el) Personalausweis
dar geben
dar igual egal sein
dar la gana Lust haben
dar tres pasos drei Schritte machen 7D
dar un paseo spazieren gehen 5A
dar pena (la) Leid tun 22B
darse cuenta sich klar werden 3C
darse cita sich verabreden 19B
de von, aus
de ... a ... von ... bis ...
de acuerdo einverstanden, o.k.
de ahora en adelante von jetzt an 25B
de al lado nebenan 15C
de modo que der Art, dass 22D
de pie im Stehen 19C
de segunda zweitklassig 19B
debajo unter
decidirse sich entscheiden 9C
decir (dicho) sagen
  qué te iba a decir was ich dir sagen wollte 12B
decisión (la) Entscheidung

tomar una decisión Entscheidung treffen 9D
declarar erklären; verzollen
dedicarse sich widmen 13A
dedo (el) Finger
defecto (el) Fehler, Defekt
déjalo lass es 18D
dejar lassen, aufgeben 27D
dejarse de rodeos nicht um den heißen Brei herumreden 27C
delante de vor 10C
delgado/a schlank 3C
demasiado zu (sehr), zu viel
dentista (el) Zahnarzt
dentro innen
denuncia (la) Anzeige, Klage
depende kommt drauf an 17D
deporte (el) Sport
derecha rechts 7B
desagradable unangenehm 26D; unerfreulich 9D
desaparecer verschwinden 25A
desayunar frühstücken 3C
desayuno (el) Frühstück 4A
descansar erholen 15A
descubrir entdecken 18A
descuento (el) Preisnachlass 14B
descuido (el) Unachtsamkeit 21B
desde seit
desear wünschen
desembuchar es rauslassen 27C
despacho (el) Büro
despacio langsam
despegar abheben 28D
despierto/a wach
después danach, hinterher, später
detrás de hinter 7B
día (el) Tag
al día pro Tag 15B
qué día es welcher Tag ist? 7A
unos días einige Tage 15D
día festivo (el) Feiertag
diccionario (el) Wörterbuch
dicen man sagt 7A
diferencia (la) Unterschied
diferente anders 2C
difícil schwierig 6D
dificultad (la) Schwierigkeit 28B
diga Bitte/Sprechen Sie 3B
dígame (am Telefon) Sprechen Sie!/ Ja, bitte?/Hallo?
digamos sagen wir 17C
dinero (el) Geld
Dios Gott
por Dios um Gottes willen
dirección (la) Adresse
directo/a direkt, unmittelbar
director (el) Direktor
dirigirse sich begeben 1A
disciplina (la) Disziplin 24D
discoteca (la) Diskothek
discutir diskutieren
disfrutar genießen
disponible verfügbar 23C
divertido/a lustig 24C
divertirse sich vergnügen 20C
divorciarse sich scheiden lassen 25C
divorcio (el) Scheidung 25A
doble (la) Doppelzimmer 20A
doctor (el) Doktor
documento (el) Dokument
dolor (el) Schmerz
dominicas (las) Dominikanerinnen 7C

dónde wo
dónde queda wo befindet sich 1D
dormido/a schlaftrunken 17D
dormir schlafen
drogas (las) Drogen 12B
ducha (la) Dusche
duda (la) Zweifel 19A
dueño (el) Besitzer 15A
dulce (el) süß / Süßigkeit, Marmelade 19D
durante während 13B
durar dauern 21C
durmiendo schlafend 16A

e

echar werfen, rausschmeißen
echar de menos vermissen 20A
echar una mano helfen, schützen 9C
economía (la) Wirtschaft
económico/a preiswert
edad (la) Alter
edificio (el) Gebäude
efecto (el) Wirkung 10D
ejemplo (el) Beispiel, Vorbild
por ejemplo zum Beispiel
ejercicio (el) Gymnastik
el der
él er
electrodomésticos (los) Haushaltsgeräte 7B
elegante elegant 4D
elegir auswählen 26C
ella sie
ellos/-as sie
embajada (la) Botschaft
empezar anfangen
empleado (el) Angestellter 10A
empresa (la) Betrieb, Unternehmen
empujar stoßen 26D
en in
en cuanto a was ... betrifft 18A
en efectivo in bar 28A
en punto um Punkt ... Uhr 24C
en serio im Ernst 25D
enamorada/o
  estar – de verliebt sein 1D
enamorarse sich verlieben 23A
encantado/a erfreut 14C
encantar begeistern 10D
encender el televisor TV anmachen 3C
encima über, außerdem, obendrauf 22A
encontrar finden 2B, treffen, begegnen
encuentro (el) Treff 21C
enfadado/a sauer, verärgert 3A, 16C
enfermedad (la) Krankheit
enfermera/o (el/la) Krankenschwester, Krankenpfleger
enfermo/a krank
enfrentar entgegentreten, angehen 25B
enfrente gegenüber 2B
engordar dick machen 21D
enorme enorm, riesig 13A
ensalada (la) Salat
enseguida sofort 24D
enseñar zeigen 15B
entender verstehen, begreifen
entero/a ganz 16A
enterrar begraben 27C
entonces also

entrada (la) Eingang, Eintrittsgeld, Eintrittskarte 10A; Vorspeise
entrar eintreten
entre ellos untereinander 1A
entre la gente unter den Leuten 1B
entregar aushändigen 7A
entretener unterhalten 26D
entretenido/a unterhaltsam 14D
entrevista (la) Interview, Unterredung
época (la) Epoche 19B
equipaje (el) Gepäck 28D
era war 2B
éramos wir waren 9A
escalera (la) Treppe 3C, Leiter
escalope (el) Schnitzel
escándalo (el) Skandal 27A
escapar abhauen, fliehen 15D
escaparate Schaufenster 4D
escribir schreiben
escritora (la) Autorin 22D
escuchar hören 2B, anhören, zuhören / horch! 3A
ese, esa, eso dieser da, diese da, dies da
espacio (el) Raum, Platz 15A
español/-a (el/la) spanisch, Spanier(in)
especializado/a spezialisiert 26B
espejo (el) Spiegel 10C
esperar (er)warten 3A, hoffen 7B
esposa (la) Ehefrau 9A
esta, este, esto dieser, diese, dies
esta mañana heute Morgen
estación (la) Bahnhof
estación de autobuses Busbahnhof 12D
estación de servicio (la) Tankstelle 19D
estación de trenes (la) Bahnhof
estar sich befinden, liegen, (da)sein
este (el) Osten
esto dies
estómago (el) Magen
estrecho eng 10A
estrella (la) Stern 1B
estrenar erstaufführen, einweihen 23D
estudiante (el/la) Student(in) 16A
estudiar studieren
estudio (el) Studium 3B
ex (el/la) Verflossene(r), Ex 26C
exactamente genau 14B
examen (el) Prüfung
excepción (la) Ausnahme 22D
excursión (la) Ausflug 20D
existir existieren 6C
éxito (el) Erfolg
explicar erklären 7B
exponer ausstellen 26B
exposición (la) Ausstellung 23A
expresión (la) Ausdruck 19B
expuesto/a ausgestellt 26B
extranjero/a (el/la) ausländisch, fremd / Ausländer(in) 16B

f

fábrica (la) Fabrik
fácil einfach, leicht 7B
facturar aufgeben, abfertigen 28D
falda (la) Rock 7D
fallar fehlen, ausfallen
falsificar fälschen

faltar fehlen 13B
faltar poco es ist bald so weit 10D
familia (la) Familie
famoso/a berühmt
farmacéutico (el) Apotheker
farmacia (la) Apotheke
fecha de nacimiento (la) Geburtsdatum
felicitar beglückwünschen 13D
feliz glücklich 9A, 25B
feo/a hässlich 23A
festejar feiern 27C
fiar trauen 28B
fiebre (la) Fieber
fiesta (la) Fest
fijo/a fest
fin (el) Ende
al fin y al cabo letztendlich 8D
fin de semana (el) Wochenende
final, al – endlich 6C
firma (la) Unterschrift
firmar unterschreiben
físicamente körperlich 11A
flor (la) Blumen 10A
fondo (el) Grund
en el fondo im Grunde 13B / im hinteren Teil 23C
formulario (el) Formular 2B
foto (la) Foto
fracasar scheitern 25B
francés/a französisch / Franzose(ösin) 6B
frecuente häufig
frente a gegenüber, vor
fresa (la) Erdbeere
fresco/a frisch, frech
frigorífico (el) Kühlschrank
frío/a kalt
frito/a gebacken
frontera (la) Grenze, Grenzübergang
fruta (la) Obst 7C
fue war 13D
fuego (el) Feuer 16B
fuera draußen
fuerte stark 9A
fuerza Kraft 2C
fumar rauchen
funcionar funktionieren 23C
fútbol (el) Fußball
futuro (el) Zukunft 20C

g

gafas (las) Brille
gafas de sol Sonnenbrille 3C
gallego/a galicisch 27D
galletas (las) Kekse 14A
gana (la) Lust 10A
ganar verdienen 4B, gewinnen 9D
gasolina (la) Benzin
gastar ausgeben
gato (el) Kater
gazpacho (el) kalte Gemüsesuppe
generoso/a großzügig 21D
gente (la) Leute 1A
buena gente ein klasse Kerl 20D
germano-andaluz deutsch-andalusisch 8C
gilipollas (el) Arschloch 21A
Ginebra Genf 26C
gira (la) Tournee 2C
gitano (el) Zigeuner 3B
gobierno (el) Regierung
gordo/a dick 1B

gracia (la) Anmut 2C
gracias danke
gracioso/a witzig 17C
granangular (el) Weitwinkel 26B
grande groß
grave schlimm, schwer
grito (el) Schrei 24D
grupo (el) Gruppe
guapo/a schön 4C
guardar verstauen 28C
guardería (la) Kinderhort 22B
Guardia Civil (la) Polizei
guerra (la) Krieg 27A
guía (la) Führer 6A
guiri (el/la) Ausländer(in) 13D
gustar gefallen
gusto (el) Geschmack
  mucho gusto sehr angenehm

h

haber haben (Hilfsverb)
habitación (la) Zimmer
hablar sprechen
hace buen tiempo (el) das Wetter ist gut 7A
hacer brujerías zaubern 22C
hacer falta brauchen 9A
hacer las paces sich aussöhnen 20C
hachís (el) Haschisch 11C
hall (el) Eingangshalle 21C
hambre (el) Hunger
  me muero de hambre ich sterbe vor Hunger 2D
hamburguesa (la) Hamburger
hartarse es leid werden 28C
harto/a überdrüssig 10B
hasta bis, sogar 21A
hasta luego bis bald, bis dann
hay es gibt
haz el favor sei so lieb 10C
hecho/a gemacht
helado (el) Eis
hermana (la) Schwester
hielo (el) Eis 8C
hijo/a Sohn/Tochter
hijo de la gran puta verdammter Hurensohn 24D
hispano-alemana spanisch-deutsch 8C
historia (la) Geschichte 13D
hola hallo
hombre (el) Mann
honorario (el) Honorar 21D
hora (la) Stunde, Uhrzeit
hora, a primera – zu früher Stunde 16B
horario (el) Stundenplan 24A
horror, qué – schrecklich 17C
horroroso/a schrecklich 4A
hospital (el) Krankenhaus
hotel (el) Hotel
hotelito (el) das Hotelchen 5C
hoy heute
huelga, estar en – im Streik sein 24C
huésped (el) Gast 15D
huevo (el) Ei
huevo cocido (el) gekochtes Ei 6B
humedad (la) Feuchtigkeit 15B
humor (el) Humor
  de buen humor gut gelaunt 7A
  de mal humor schlecht gelaunt 2A

ida y vuelta (la) hin und zurück 14B
idea (la) Idee
ideal ideal 15A
idioma (el) Sprache
iglesia (la) Kirche 7B
ignorar übersehen, ignorieren 18B
igual auch 11C, trotzdem 19C
imaginarse sich vorstellen 20D
imbécil (el) Dummkopf 2A
impedir verhindern 27A
importación (la) Einfuhr 27B
importante wichtig
importar wichtig sein
¿a mí qué me importa? was juckt mich das 13C
impresionante eindrucksvoll 26B
inaugurar eröffnen 26A
inculto/a ungebildet 22D
indicar den Weg weisen 1D
individual (la) Einzelzimmer 20A
inevitable unvermeidbar 26D
infancia (la) Kindheit 4B
infección (la) Entzündung
infiel untreu 27A
información (la) Auskunft 14A
informarse sich informieren 12D
informática (la) Informatik 3B
inglés englisch / Engländer 6B
injusto/a ungerecht 27D
instalarse sich einrichten 2C
inteligente intelligent
intentar versuchen 9D
intento (el) Versuch 19B
interés (el) Interesse 20C
interesante interessant
interrumpir unterbrechen 10C
íntimo/a sehr persönlich
invitación (la) Einladung 10A
invitar einladen 8A
ir a gehen, fahren
irónico/a ironisch 15C
irse weggehen, wegfahren
IVA (impuesto sobre el valor añadido) (el) Mehrwertsteuer
izquierda links 7B

jabón (el) Seife
jamón (el) Schinken 19D
jamón serrano (el) Bergschinken 24A
japonés japanisch 2B
jardín (el) Garten
jardín de infancia (el) Kindergarten 22B
jefe (el) Chef
joven jung
jóvenes (los) junge Leute 16A
judería (la) Judenviertel 18A
jueves (el) Donnerstag
no es nada del otro jueves es ist nichts Tolles 2C
jugar spielen
juguete (el) Spielzeug 7C
juicio (el) Urteil 19B
junto/a zusammen 3A
jurar schwören 11C
justamente gerade 14B

k

kilo (el) Kilogramm
kilómetro (el) Kilometer
kiosco (el) Kiosk

l

lado (el) Seite
ladrón (el) Dieb 3C
largo/a lang
lata (la) Dose, Büchse 22A
lavabo (el) Toilette, Waschbecken
lavadora (la) Waschmaschine
lavar waschen
le ihm, ihr, Ihnen
leer lesen
lejos weit 1C
lengua (la) Sprache 14D
lento/a langsam
levantarse aufstehen 3C
libertad (la) Freiheit 13B
libre frei
librería (la) Buchladen 7C
libro (el) Buch
ligar anbändeln, anmachen 18D
ligue (el) Affäre, Techtelmechtel 20A
limpio/a sauber
listo/a schlau, bereit
llamar rufen, anrufen 2D
llamarse heißen
llave (la) Schlüssel
llegar ankommen
llenar ausfüllen 2B
llevar mitnehmen 13B, betreuen
llevar en la sangre im Blut haben 4B
llevar junto (schon) zusammen sein 23A
llorar weinen 27D
lo ihn, es
lo de siempre die alte Geschichte 23A
loco/a verrückt 1D
lucha (la) Kampf 27D
luchar kämpfen 12D
luego dann, nachher
lugar (el) Ort
lugar de veraneo Ort der Sommerfrische 15D
luna (la) Mond
lunes (el) Montag
luz (la) Licht, Strom

m

machismo (el) Macho-Gehabe 21B
machista (el) Macho 7D
madalena (la) Biskuitteilchen
madre (la) Mutter
madrugador (el) Frühaufsteher 24B
maestro (el) Meister 11B
maldito/a verdammt
maleta (la) Koffer 1D
maletero (el) Kofferraum 1D
malo/a schlecht/übel
mañana (la) morgen
mandar schicken 1B
manera (la) Art und Weise 25B
mano (la) Hand
mantequilla (la) Butter 19D
manzana (la) Apfel
mapa (el) Stadtplan 17A
maquillarse sich schminken 3C
máquina (la) Maschine
mar (el) Meer

maravilloso/a wunderbar 10C
marcha (la) Vergnügen, Szenetreff 12C
marcharse gehen, aufbrechen 24B
marido (el) Ehemann
mariquita (el) Schwuchtel 10C
martes (el) Dienstag 7A
más mehr, plus 9D
más o menos ... so là là 3B, mehr oder weniger 12B
matar töten
matar dos pájaros de un tiro zwei Fliegen mit einer Klappe schlagen 12D
matrimonio (el) Ehepaar
mayor de edad volljährig 23B
mayoría (la) Mehrheit 13A
me mir, mich
mearse de risa sich bepinkeln vor Lachen 24C
medianoche (la) Mitternacht
médico (el) Arzt
medio/a halb
mediodía (el) Mittag 28A
Mediterráneo (el) Mittelmeer
mejor besser
mejor dicho besser gesagt 24A
memoria (la) Erinnerung 6D
menor weniger, gering 19A
menor (el/la) Minderjährige/r
menos vor (bei Uhrzeit), weniger, minus
menos mal zum Glück 16B, halb so schlimm 28A
mensaje (el) Botschaft 12D
mentira (la) Lüge 13C
menú (el) Menü, Speisekarte
mercadillo (el) Wochenmarkt 7A
mercado (el) Markt
merecer la pena die Mühe lohnen 7A
mermelada (la) Marmelade
mes (el) Monat 23A
mesa (la) Tisch
mesita (la) Tischchen 10D
meter setzen, stellen, legen
metro (el) Taxi-Uhr 2A / U-Bahn
mi mein/e
mí mir, mich
mientras während 4C
mierda (la) Scheiße 5B
mil tausend
milenio (el) Jahrtausend 18A
mínimo gering 20C
minoría (la) Minderheit 13A
mío/a mein
mirar schauen 4C
miseria (la) Almosen 22B
mismo/a selbst, gleich
mitad (la) Hälfte 7A
mochila (la) Rucksack 14A
moda (la) Mode
modo, de ningún – auf keinen Fall 9D
molestar stören 4C
momento (el) Augenblick
monasterio (el) Kloster 7C
moneda (la) Währung, Münze
monedero (el) Geldbörse 22C
montar anzetteln 27A
monumento (el) Sehenswürdigkeit
moreno/a dunkelhäutig 4C
morir sterben 27D
mosquearse sich aufregen 26D

mostrador (el) Theke 19C, Schalter 28D
motivo (el) (Beweg-)Grund 23A
moto (la) Motorrad
moverse sich bewegen 17A
móvil (el) Handy 9B
movimiento (el) Bewegung 2C
muchacho/a (el/la) junger Mann/ junges Mädchen
muchas gracias vielen Dank
muchísimo sehr viel
mucho/a viel, sehr
muestra (la) Ausstellung 26C
mujer (la) Frau 4C
mundo (el) Welt
muñeco (el) Puppe 7C
museo (el) Museum 17D
museo de Bellas Artes Kunst-Museum
música (la) Musik
muy sehr

n

nacimiento (el) Geburt
nacionalidad (la) Staatsangehörigkeit
nada nichts
nada de nada überhaupt nichts 9B
nadie niemand 1C
naranja (la) Orange
nata (la) Sahne
naturaleza (la) Natur
Navidad (la) Weihnachten 28B
necesidad (la) Notwendigkeit, Not 20A
necesitar brauchen 9B
negro/a schwarz
nervioso/a nervös 16C
ni idea keine Ahnung 22C
ningún/ninguna kein/e
niño (el) Kind 4B
nivel (el) Niveau 16C
no nein, kein, nicht
no lo puedo creer ich fass es nicht 19D
noche (la) Nacht
esta noche heute Abend 3A
noche de amor (la) Liebesnacht 24B
nocturno/a nächtlich 24B
normal normal
norte (el) Norden
nos uns
nosotros/as wir
nota (la) Zettel 2D
novela (la) Roman 22D
novia (la) Freundin 13D
novio (el) Freund 17C
novios (los) Freunde 2C
nuestro/a unser
nuevo/a neu
número (el) Nummer
nunca niemals 8D

o

o oder
o ... o entweder ... oder 25B
o sea das heißt 11C
observar beobachten 10A
ocupado/a beschäftigt 1B
oferta (la) Angebot 14B
oficial offiziell 25B

oficina (la) Büro, Amt
ofrecer (an)bieten
oiga hören Sie
ojear blättern 6A
ojo (el) Auge 6D
ojos que no ven, corazón que no siente was ich nicht weiß, macht mich nicht heiß 8D, aus den Augen, aus dem Sinn
oler riechen 15B
olividar vergessen 6C
olor (el) Geruch 11C
onda (la) Welle
buena onda gute Stimmung 21B
opción (la) Möglichkeit 18A
operación (la) Prozedur 23C
opinión (la) Meinung 12C
ordenador (el) Computer
orgullo (el) Stolz 11A
orgulloso/a stolz 7C
original echt, originell 16C
os euch
oscuro/a dunkel 1B
otro/a andere(r), noch ein 5C
otra vez schon wieder 13C

p

padre (el) Vater
padres (los) Eltern
paella (la) Reisgericht
pagar zahlen 10B
página (la) Seite
país (el) Land
paisaje (el) Landschaft 14D
palabra (la) Wort 9B
palomitas (las) Popcorn 21D
pan (el) Brot
ser más bueno que el pan die Güte selbst sein 24A
pan integral (el) Vollkornbrot
panadería (la) Bäckerei
pantalón (el) Hose
pantalón vaquero (el) Jeans
papá (el) Papa
Papa (el) Papst
papel (el) Papier 2D, Rolle des Schauspielers
par (un) ein Paar 17A
para für, nach, zu, in Richtung, um zu
para qué wozu 8D
parabólica (la) Satellitenschüssel 5C
parada (la) Halt 20A
paraíso (el) Paradies
parecerse scheinen, aussehen wie 1D
me parece mir scheint 12B
pareja (la) Paar 16A, Partner 21B
partes, en todas – überall 3C
pasado/a vergangen
pasado mañana übermorgen 18B
pasajero (el) Passagier 1A
pasaporte (el) Pass
pasar verbringen 6C
pasar hambre Hunger leiden 4B
paseo (el) Spaziergang 4A
pasillo (el) Gang 14B
pasión (la) Leidenschaft 2C
pastelito (el) Teigteilchen 28A
patata (la) Kartoffel
patata frita (la) Pommes frites
payo (el) Nichtzigeuner 3D

paz (la) Friede
pedir bitten, fordern, bestellen
pegar schlagen 25D
pegar un grito einen Schrei ausstoßen 21D
peinar kämmen 17B
película (la) Film
peligroso/a gefährlich
pelo (el) Haar 1B
pelo rizado Locken 3C
peluquero (el) Frisör
pensar denken
pensión (la) Pension
peor schlimmer, schlechter 8B
pequeño/a klein
perder verpassen 24A, verlieren 25B
perderse sich verirren, verloren gehen
perdón (el) Entschuldigung
perfectamente perfekt
periódico (el) Zeitung 6D
pero aber
perro (el) Hund
perseguir verfolgen 7D
persona (la) Person
personaje (el) Persönlichkeit 4C
personalmente persönlich 10B
pertenecer gehören 16A
pesado/a schwer
pescado (el) Fisch 8A
picante pikant, scharf
pie (el) Fuß
piel (la) Haut 3C
pillar erwischen 25D
pimienta (la) Pfeffer
pimiento (el) Paprika
pintor (el) Maler 19B
pintura (la) Malerei 19B
piscina (la) Schwimmbad
piso (el) Wohnung, Stock 5C
planchar bügeln
plato (el) Teller, Gang
playa (la) Strand
plaza (la) Platz
pleno ..., en – mitten in ... 17A
pobre arm 4B
poco/a wenig
poder können
podrá wird können 17A
podrías du könntest 11B
Policía (la) Polizei
política (la) Politik
poner setzen, stellen, legen / (geschrieben) stehen 2A
ponerse sich anziehen 8B
por für, wegen, durch, von
por casualidad zufällig 9B
por ciento Prozent 14B
por fin endlich 2A
por lo menos wenigstens 3B
por otra parte woanders 4C
por qué warum
por supuesto selbstverständlich 12B
porque weil
porquería (la) Schweinerei 21D
porro (el) Joint 11C
posible möglich
postre (el) Nachtisch
práctico/a praktisch 2D
precio (el) Preis 7D
preferido/a bevorzugt 26A
preferir vorziehen, lieber haben
prefijo (el) Vorwahl
pregunta (la) Frage

preguntar fragen 5A
prensa (la) Presse
preocuparse sich Sorgen machen 3A
preparado/a vorbereitet 3C
presentarse auftauchen 24A
presente anwesend, gegenwärtig
presión de la sangre (la) Blutdruck 28C
prestar leihen
pretendiente (el) Anwärter 23D
prima (la) Kusine 17C
primavera (la) Frühling
primera, de – erstklassig 8A
primero/a erste(r)
primo (el) Cousin
principio (el) Prinzip 14B
probar (an)probieren 7D
problema (el) Problem
procurador (el) Staatsanwalt 13D
producir produzieren
profesor/a (el/la) Lehrer / Lehrerin
profundamente tief 9C
prohibido/a verboten
prometido/a versprochen 5D
pronto schnell, bald
propina (la) Trinkgeld 9D
propio/a eigene 15A
proponerse sich vornehmen 27B
proteger beschützen 16C
provincia (la) Provinz
publicidad (la) Werbung
público/a öffentlich
pueblo (el) Dorf 15A
puerta (la) Tür 5C
puerto (el) Hafen
pues dann
pues nada nichts 12B
pues sí nun ja 5D
pulpo (el) Tintenfisch 27D
puro/a pur 10D
puta (la) Hure 25A

q

que dass / der, die (Relativpronomen)
qué was?, was für ein, wie
qué aproveche! guten Appetit
qué asco ekelhaft
qué barbaridad fürchterlich
qué hay hallo
qué más was noch
qué pasa was ist los, hallo
qué tal wie geht's?
qué te pasa was ist los mit dir 11C
qué va gar nicht 27A
quedar(se) übrig sein, bleiben 1C
quedarse con sich verabreden mit 23C
quehaceres (los) Tagwerk 28A
quejarse sich beschweren, sich beklagen
querer wollen, mögen
querías du wolltest 9A
queso (el) Käse
quién wer 10B
quinientos/as fünfhundert
quitar(se) wegnehmen, entfernen 11B
quitarse de en medio sich wegstehlen 12D

r

rabia (la) Wut 25A
ración (la) Portion
racista rassistisch 3C
radio (la) Radio, Funk 1D
rapidez (la) Schnelligkeit 11A
rápido/a schnell 6D
raro/a seltsam, eigenartig 3C
ratito (el) einen kleinen Moment 5A
rato (el) Weile
raza (la) Rasse 20D
razón (la) Grund, Verstand, Recht 9C
tener razón Recht haben
real real, wirklich
realidad (la) Realität, Wirklichkeit
recado (el) Nachricht 20A
recepción (la) Rezeption, Empfang 26B
recepcionista (el) Mann am Empfang
receta (la) Rezept
recibir erhalten
reclamación (la) Reklamation, Beanstandung, Beschwerde
reclamar reklamieren, beanstanden
recoger abholen 1A, greifen 2A, packen 16C, (Tisch) abdecken 22A
recomendar empfehlen 12C
reconocer erkennen
recordar sich erinnern an
recorrido (el) Strecke 14A
recto geradeaus
reducción (la) Ermäßigung
referirse sich beziehen auf
refrán (el) Sprichwort 28D
regalito (el) kleines Geschenk 5A
regalo (el) Geschenk 4D
regatear handeln
régimen (el) Regime, Regierungsform / Diät
región (la) Region, Gebiet, Gegend
regresar zurückkehren
regular regelmäßig
reírse lachen 1A
relación (la) Beziehung
relajado/a relaxt, entspannt 16B
religión (la) Religion
reloj (el) Uhr
remedio (el) Mittel
no tener otro remedio nichts anderes übrig bleiben 28C
remolonear dösen 16B
remover rühren 9C
RENFE (la) = Red Nacional de los Ferrocarriles Españoles spanische Eisenbahn
reparar reparieren
repartir verteilen 10D
repente, de – plötzlich 16C
repetir wiederholen 11D
representante (el/la) Vertreter(in) 26B
reserva (la) Reservierung, Auslese (Wein)
reservar reservieren 2B
resfriado (el) Erkältung
respetar respektieren 24A
respirar atmen 9C
responder antworten
responsable (el) verantwortlich / Verantwortlicher
respuesta (la) Antwort
restaurante (el) Restaurant
resto (el) Rest
resultado (el) Ergebnis, Resultat

resultar sich herausstellen 7C
reunión (la) Treffen, Zusammenkunft 11D
reventar losplatzen 21B
revista (la) Zeitschrift 14A
rico/a reich, schmackhaft
ridículo/a lächerlich
riesgo (el) Risiko
robar stehlen, klauen
rodilla (la) Knie
rogar bitten 25A
rojo/a rot 1D
romper kaputtmachen, zerbrechen
ronco/a heiser 10C
ropa (la) Kleidung 7C
roto/a kaputt
rubio/a hell (Bier, Tabak), blond 6D
rueda (la) Rad
ruido (el) Lärm, Geräusch 25A
ruptura (la) Bruch 23A
rutina (la) Routine 28D

S

sábado (el) Samstag
saber wissen, können 1C
sabiduría (la) Weisheit 28D
sacar wegholen, rausholen 9B
sal (la) Salz
sala (la) Raum 6A
salchicha (la) Würstchen
salida (la) Abfahrt, Ausfahrt, Ausgang 1B
salir abfahren, (r)ausgehen 2D
salir a la calle nach draußen gehen 7B
salir corriendo rausrennen 21C
salmón ahumado (el) geräucherter Lachs 22A
salón (el) Wohnzimmer
salsa (la) Soße / Latinodiskohüftkreistanz
salud (la) Gesundheit
saludar grüßen 4C
saludo (el) Gruß
salvado (el) Kleie 22C
salvar retten 25B
sangría (la) Rotweinbowle
sano/a gesund
saquito (el) Tütchen 9C
sardina (la) Sardine
se sich
seco/a trocken 6C
secreto/a geheim
secreto (el) Geheimnis
sed (la) Durst
seguida, en – sofort 2B
seguido/a durchgehend 20A
seguir weitergehen 7B, weitermachen 11A
segundo/a zweite(r)
seguramente sicher 24B
seguridad (la) Sicherheit
seguridad social Sozialversicherung
seguro/a sicher
sello (el) Briefmarke
semáforo (el) Ampel 7B
semana (la) Woche
semi-seco halbtrocken
sencillo/a einfach 4B
señor (el) Herr
señora (la) Dame
señorita (la) Fräulein
sensación (la) Gefühl, Eindruck 16A

sensualidad (la) Sinnlichkeit 2C
sentado/a, estar – sitzen 8C
sentarse sich setzen 4A
sentido (el) Sinn 24D, Tastsinn, Geruchssinn, Bedeutung, Richtung
sentimiento (el) Gefühl 25B
sentir fühlen
lo siento muchísimo es tut mir sehr Leid 3A
separar trennen
separarse sich trennen 18D
ser sein
sería mejor es wäre besser 13B
serio/a ernst
servicio (el) Dienst
servicios (los) Toilette
servidor (el) Server 23C
servilleta (la) Serviette
servir bringen, servieren 6B, dienen, brauchbar sein, nützen 20A
sexo (el) Geschlecht
si wenn, falls 19C
sí ja
Sida (el) Aids
sido gewesen
siempre immer
siento, lo – (sentir) es tut mir Leid
siesta (la) Nickerchen, Mittagsschläfchen
siglo (el) Jahrhundert
siguiente folgende, nächste
silencio (el) Ruhe 25A
sillón (el) Sessel
simpático/a sympathisch 14D
simpatiquísimo sehr sympathisch 20D
simplemente einfach
sin ohne
sino sondern 7C
sinvergüenza (el) unverschämter Lümmel
sistema (el) System
sitio (el) Ort 14A
sobrar zu viel sein 21A
sobre (el) Umschlag 1B
sobre auf, über 14C
sobre todo vor allem 11A
sobrino (el) Neffe 1C
sociedad (la) Gesellschaft
sofá (el) Sofa
sol (el) Sonne
soler pflegen zu ... 13B
sólo nur
solo/a allein 6A
solución (la) Lösung 9D
sonar klingeln 2D
sonreír lächeln 23B
sopa (la) Suppe
sorpresa (la) Überraschung
su sein, ihre, Ihr(e)
súbete komm hoch 17B
subida (la) Aufstieg
subir einsteigen, hochgehen
suceder sich ereignen 27A
sucio/a schmutzig
sudamericano/a südamerikanisch 14D
suegra (la) Schwiegermutter 4D
suegro (el) Schwiegervater 11A
suegros (los) Schwiegereltern
suela (la) Sohle 7C
sueño (el) Traum 3C
suerte (la) Glück 7B
suficiente genügend, ausreichend

sufrir leiden 8D
Suiza (la) Schweiz 18D
suma (la) Summe, Betrag
superar überwinden
superior obere(-r, -s) / Ober...
supermercado (el) Supermarkt
suplemento (el) Zuschlag
sur (el) Süden
suyo/a sein, ihr, Ihr

t

tabaco (el) Tabak
tablao (el) Flamencoschuppen 4B
tal vez vielleicht 1C
talla (la) Größe
taller (el) Werkstatt, Workshop 4A
tamaño (el) Größe, Format
también auch
tampoco auch nicht 3C
tan ... como ... so ... wie ... 19A
tan so, so sehr
tanto/a so viel(e)
tapa (la) Ibero-Snack 19C
taquilla (la) (Karten-)Schalter 14A
tarde spät
  por la tarde am Nachmittag, am frühen Abend
tarifa (la) Tarif
tarjeta (la) (Visiten-)Karte 2A
tarjeta de crédito (la) Kreditkarte
taxi (el) Taxi
taza (la) Tasse
té (el) Tee
te dir, dich
teatro (el) Theater
techo (el) Decke, Dach
técnico/a technisch
tele (la) Fernsehen 2B
telediario (el) Tagesschau
teléfono (el) Telefon
televisión (la) Fernsehen
tema (el) Thema
temblar zittern
temer fürchten 22B
temperatura (la) Temperatur
temporada alta (la) Hochsaison
temporada baja (la) Nebensaison
temprano früh 16B
tendrías que du müsstest 11B
tenedor (el) Gabel
tener haben
  no tener nada en contra nichts dagegen haben 23B
tensión (la) Spannung 25B
tercer/a dritte(r)
tercer mundo (el) Dritte Welt
terminado/a beendet, fertig
terminar beenden 9D
ternera (la) Kalbfleisch
terraza (la) Terrasse
terrible schrecklich
terror (el) Terror, Schrecken
terrorismo (el) Terrorismus
tesoro (el) Schatz
testigo (el) Zeuge
texto (el) Text
tiburón (el) Hai 8A
ticket (el) Ticket
tiempo (el) Wetter, Zeit 9C
  al mismo tiempo gleichzeitig 15C
tienda (la) Geschäft 4D
tierra (la) Erde, Land
tijeras (las) Schere

timbre (el) (Tür-)Klingel 17A
tímido/a schüchtern
tío/a (el/la) Onkel, Tante / Kerl, Tussi
típico/a typisch
tirar werfen, schießen, ziehen
título (el) Titel, Überschrift
toalla (la) Handtuch
tocar spielen / berühren, anklopfen 15A
tocar le a uno dran sein 22A
todavía noch
todo/a alles, ganz
todos/as alle
todo derecho geradeaus 7B
todos los días jeden Tag 7B
tolerante tolerant
tomar nehmen, trinken
tomar asiento (el) Platz nehmen 9C
tomar café Kaffee trinken
tomar el sol sich sonnen 16A
tomate (el) Tomate
tono (el) Ton 15C
tontería (la) Schwachsinn, Quatsch 3C
tonto/a dumm, blöd 6D
tópico (el) Klischee 17C
torear mit dem Stier kämpfen 1D
torero (el) Stierkämpfer 1D
toro (el) Stier
tortas (las) Gebäck 19D
tortilla (la) Omelette, Eierkuchen
tos (la) Husten
tostada (la) Toast 4A
trabajar arbeiten
trabajo (el) Arbeit
tradición (la) Tradition
traducción (la) Übersetzung
traducir übersetzen
traer bringen 6B
traer frito verrückt machen 24A
tráfico (el) Verkehr
traje (el) Anzug 7C
tranquilo/a ruhig 6C
transferencia (la) Überweisung
transporte (el) Transportmittel
tras hinter, nach
trasero (el) Hintern 21D
tratar behandeln
tratar de versuchen zu 18D
tren (el) Zug
triste traurig
trucha (la) Forelle
tu dein
tú du
tumbarse sich hinlegen 5C
túnel (el) Tunnel
turismo (el) Tourismus
turista (el) Tourist
turno (el) Reihe, Schicht, Durchgang 3A
tuyo/a dein 16C
TVE = la televisión española spanisches Fernsehen

U

últimamente in letzter Zeit
último/a letzte(r)
únicamente einzig, allein, bloß
único/a einmalig
unidad (la) Einheit
universidad (la) Universität
uno, una ein, eine
unos einige

urgencia (la) Dringlichkeit / erste Hilfe
urgencias (las) Intensivstation
urgente dringend 6C
usar gebrauchen, benützen, verwenden
uso (el) Gebrauch, Verwendung
usted, ustedes Sie (Sg / Pl)
útil nützlich
utilizar gebrauchen
uva (la) Traube

V

vaca (la) Kuh
vacaciones (las) Urlaub, Ferien
vacío/a leer
valer gültig sein, in Ordnung sein, kosten, wert sein
vale in Ordnung 3A
válido/a gültig
vámonos gehen wir 3C
vamos a ver schauen wir mal
variar abwechseln
vasco/a baskisch / Baske(in)
vaso (el) Glas
veces, a – manchmal 10D
vecino/a (el/la) Nachbar 2B
vegetariano/a (el/la) vegetarisch / Vegetarier(in)
ven komm 7B
vendedor (el) Verkäufer
vendedor ambulante fliegender Händler 13A
vender verkaufen
venga kommen Sie, komm 3C, auf, los! 5A
vengar rächen 25A
venir kommen
venir a buscar abholen 26C
venta (la) Verkauf
ventana (la) Fenster
ventanilla (la) Fenster (im Zug/ Flugzeug)
ver (visto) sehen (gesehen)
  a ver mal sehen 7A
verano (el) Sommer
verdad (la) Wahrheit
  de verdad wirklich
verde grün
verdura (la) Gemüse 7C
vestido (el) Kleid 3C
vete a fahre nach 12C / hau ab
veterinario (el) Tierarzt
vez (la) Mal 10C
  una vez a la semana einmal pro Woche 3B
vía (la) Gleis
viajar reisen
viaje (el) Reise 3A
viajero/a (el/la) Reisende(r)
vida (la) Leben 9B
  en mi vida nie im Leben
vídeo (el) Video
viejo/a alt / Alte(r)
viejos (los) die Alten, Eltern 16A
viento (el) Wind
vientre (el) Bauch
viernes (el) Freitag 7B
vinagre (el) Essig
vino (el) Wein
vino blanco Weißwein
vino tinto Rotwein
visita (la) Besuch, Besichtigung

visitar besuchen
vista (la) Sicht, Ausblick 2B
visto/a gesehen
viudo/a (el/la) Witwe(r)
vivir leben, wohnen 3B
vivo/a lebendig, lebend, lebhaft, gerissen, aufgeweckt
vocabulario (el) Wortschatz
volar fliegen
volver wiederkommen, zurückkommen 3C
vuelva dentro de media hora kommen Sie in einer halben Stunde wieder 15A
vomitar erbrechen
vómitos (los) Brechreiz
vosotros/as ihr (2. Person, Mehrzahl)
voy volando ich beeile mich (ich fliege) 6B
voz (la) Stimme 10C
vuelo (el) Flug
vuelta (la) Rückkehr, Rückreise / Wechselgeld / Spaziergang, Bummel, Runde 2A
estar de vuelta zurück sein 20A
vuelto zurückgekehrt 11B
vuestro/a euer

W

whisqui (el) Whiskey 9A

Y

y und, plus
y qué und wieso 22D
ya schon, jetzt, gleich
ya está Schluss jetzt
ya no nicht mehr
ya voy ich komme schon, gehe schon 6A
yerno (el) Schwiegersohn 25D
yo ich
yo que sé keine Ahnung 1D, was weiß ich 25D
yogur (el) Joghurt

Z

zanahoria (la) Karotte
zapato (el) Schuh 4D
zapping, hacer – zappen
zero Null
zona (la) Zone
zorro (el) Fuchs
zumo (el) Saft

S 70/1

Lernen ohne Büffeln hilft Sprechen ohne Muffeln – Sprachbücher für Büffelmuffel bei rororo

Das schlechte Gewissen meldet sich immer mal wieder. Man müsste mehr für seine Sprachkenntnisse tun … Aber da dies Zeit und Mühe kostet, bleibt es meist beim guten Vorsatz. Diese Reihe lockt Büffelmuffel mit Witz und didaktischer Raffinesse aus der Reserve und zeigt, dass Sprachenlernen kein Privileg der Emsigen sein muss.
Eine amüsante Geschichte, die fortlaufend zu lesen ist, macht vertraut mit dem Alltag des Landes und den Sprechmitteln zu seiner Bewältigung. Das notwendige Minimum an Wissen wird auf den Punkt gebracht, lockere Tests helfen, das Gelernte zu überprüfen und zu behalten.

Jutta Eckes
Italienisch für Büffelmuffel
3-499-61908-3

Christof Kehr
Spanisch für Büffelmuffel
3-499-61910-5

René Bosewitz/
Robert Kleinschroth
Englisch für Büffelmuffel
3-499-61907-5

Robert Kleinschroth/
Anne-Laure Maupai
Französisch für Büffelmuffel

3-499-61909-1

Weitere Informationen in der Rowohlt Revue oder unter www.rororo.de